安全生产百分百学习系列手册

劳动防护用品知识学习手册

主编　徐敏　张浩

中国劳动社会保障出版社

图书在版编目(CIP)数据

劳动防护用品知识学习手册/徐敏，张浩主编. -- 北京：中国劳动社会保障出版社，2018

(安全生产百分百学习系列手册)

ISBN 978-7-5167-2673-0

Ⅰ. ①劳… Ⅱ. ①徐…②张… Ⅲ. ①个体保护用品-手册 Ⅳ. ①X924.4-62

中国版本图书馆 CIP 数据核字(2018)第 057847 号

中国劳动社会保障出版社出版发行

(北京市惠新东街 1 号 邮政编码：100029)

*

三河市潮河印业有限公司印刷装订 新华书店经销

880 毫米×1230 毫米 32 开本 4.625 印张 99 千字

2018 年 4 月第 1 版 2019 年 12 月第 5 次印刷

定价：15.00 元

读者服务部电话：(010)64929211/84209101/64921644

营销中心电话：(010)64962347

出版社网址：http://www.class.com.cn

内容提要

本书为“安全生产百分百学习系列手册”之一，主要讲述在预防企业生产作业现场的生产安全事故中劳动防护用品的重要作用、企业劳动防护用品的配备要求和管理规范，重点介绍了常见劳动防护用品的基本构造与防护原理，以及在生产实际中的正确使用方法和维护注意事项。本书主要内容包括：生产安全事故概述、劳动防护用品的配备与管理、常见个体劳动防护用品、常见防坠落劳动防护用品。

本书涵盖的知识点较多，均是在生产实践中经常遇到并且需要了解的内容。为了便于阅读，书中运用了通俗易懂的语言进行描述，通过学习本书可以对生产安全事故及其预防、劳动防护用品相关知识进行深入了解。本书适合“安全生产月”针对企业职工的安全生产知识普及与宣传教育使用，也可作为企业班组安全生产知识学习读本，或供企业新入厂职工安全教育培训使用。

目录

第一章 生产安全事故概述

第二章 劳动防护用品的配备与管理

第三章　常见个体劳动防护用品

第四章　常见防坠落劳动防护用品

第一章

生产安全事故概述

1. 危险源和重大危险源的定义

（1）危险

危险是指某一系统、产品、设备或操作行为内部和外部的一种潜在状态，其发生可能造成人员伤害、职业病、财产损失、作业环境破坏等。

危险的特征在于其危险可能性的大小与安全条件和危险概率有关。危险概率指危险发生（转变）事故的可能性，即频度或单位时间危险发生的次数。危险的严重度或伤害、损失、危害的程度则是指每次危险发生导致的伤害程度或损失的大小。

（2）危险源

危险源是指一个系统中具有潜在能量和物质释放危险的、可造成人员伤害、在一定的触发因素作用下可转化为事故的部位、区域、场所、空间、岗位、设备及其位置。也就是说，危险源是指可能导致死亡、伤害、职业病、财产损失、工作环境破坏或这些情况综合发生的根源或状态。危险源应由 3 个要素构成，即潜在危险性、存在条件和转化成事故的触发因素。

工业生产作业过程的危险源一般分为以下5类：

1）毒害性、放射性、腐蚀性及传染病病原体类危险源；

2）锅炉及压力容器设施类危险源；

3）电气设施类危险源；

4）高温作业区危险源；

5）辐射类危害危险源。

（3）重大危险源

《危险化学品重大危险源辨识》（GB 18218—2009）中将重大危险源定义为，长期地或临时地生产、加工、搬运、使用或储存危险化学品，且危险化学品的数量等于或超过临界量的单元。单元是一个（套）生产装置、设施或场所，或同属一个生产经营单位的且边缘距离小于500米的几个（套）生产装置、设施或场所。

《中华人民共和国安全生产法》（以下简称《安全生产法》）第一百一十二条规定："重大危险源，是指长期地或者临时地生产、搬运、使用或者储存危险物品，且危险物品的数量等于或者超过临界量的单元（包括场所和设施）。"

2. 事故的定义与分类

（1）事故的定义

对于事故，人们从不同的角度出发会有不同的理解，例如，会计师算错账是工作事故，产品出现质量问题是质量事故等。《辞海》中给事故下的定义是"意外的变故或灾祸"。本书将涉及的生产安全事故简称为事故。对于生产中的事故，常见的定义有：事故是可能涉及伤害的、非预谋性的事件；事故是造成伤亡、职业病、设备损坏、财产损失或环境危害的一个或一系列事件；事故是违背人的意志而发生的意外事件；事故是人（个人或集体）在为实现某种意图而进行的活动过程中，突然发生的、违反人的意志的、迫使活动暂时或永久停止的事件等。

可以看出，对于事故的定义不能一概而论，但是无论如何定义，事故具有如下方面的内涵：

1）事故是一种发生在人类生产、生活活动中的特殊事件，人类的任何生产、生活活动过程中都可能发生事故。因此，人们若想把活动按自己的意图进行下去，就必须努力采取措施来防止事故。

2）事故是一种突然发生的意外事件。这是由于导致事故发生的原因非常复杂，事故往往是由许多偶然因素引起的，因而事故的发生具有随机性质。在一起事故发生之前，人们无法准确地预测事故发生的时间、地点及事故性质。事故发生的随机性，使得认识事故、弄清事故发生的规律及防止事故发生成为一件非常困难的事情。

3）事故是一种迫使进行着的生产、生活活动暂时或永久停止的事件。事故中断、终止活动的进行，必然给人们的生产、生活带来某种形式的影响。因此，事故是一种违背人们意志的事件，是人们不希望发生的事件。

4）事故这种意外事件除了影响人们的生产、生活活动顺利进行之外，往往还可能造成人员伤害、财物损坏或环境污染等其他形式的后果。

总之，事故是人们不想看见的结果。但是反过来说，人们长期同事故作斗争，同时也促进了科技进步和生产力的发展。因此，我们应当认识事故，预防和控制事故，研究控制事故的方法和措施。

（2）事故的分类

根据事故发生后造成后果的情况，在事故预防工作中把事故划分为伤害事故、损坏事故、环境污染事故和未遂事故等。此外，事故还有许多不同的分类方法。

1）按事故类别分类。现行国家标准《企业职工伤亡事故分类》（GB 6441—1986）按致害原因将事故类别分为20类，详见表1—1。

表1—1　　按致害原因的事故分类

序号	类别	备注
1	物体打击	指落物、滚石、捶击、碎裂、崩块、砸伤，不包括爆炸引起的物体打击
2	车辆伤害	包括挤、压、撞、颠簸等
3	机械伤害	包括铰、碾、割、戳
4	起重伤害	各种起重作业引起的伤害
5	触电	电流流过人体或人与带电体间发生放电引起的伤害，包括雷击
6	淹溺	各种作业中落水及非矿山透水引起的溺水伤害
7	灼烫	火焰烧伤、高温物体烫伤、化学物质灼伤、射线引起的皮肤损伤等，不包括电烧伤及火灾事故引起的烧伤
8	火灾	造成人员伤亡的企业火灾事故
9	高处坠落	包括由高处落地和由平地落入地坑
10	坍塌	建筑物、构筑物、堆置物倒塌及土石塌方引起的事故，不适用于矿山冒顶、片帮及爆炸、爆破引起的坍塌事故

续表

序号	类别	备注
11	冒顶片帮	指矿山开采、掘进及其他坑道作业发生的顶板冒落、侧壁垮塌
12	透水	适用于矿山开采及其他坑道作业时因涌水造成的伤害
13	爆破	由爆破*作业引起，包括因爆破*引起的中毒
14	火药爆炸	生产、运输和储藏过程中的意外爆炸
15	瓦斯爆炸	包括瓦斯、煤尘与空气混合形成的混合物的爆炸
16	锅炉爆炸	适用于工作压力在 0.07 兆帕以上、以水为介质的蒸汽锅炉的爆炸
17	压力容器爆炸	包括物理爆炸和化学爆炸
18	其他爆炸	可燃性气体、蒸气、粉尘等与空气混合形成的爆炸性混合物的爆炸，炉膛、钢水包、亚麻粉尘的爆炸等
19	中毒和窒息	职业性毒物进入人体引起的急性中毒、缺氧窒息性伤害
20	其他	上述范围之外的伤害事故，如冻伤、扭伤、摔伤、野兽咬伤等

*在《企业职工伤亡事故分类》（GB 6441—1986）中为“放炮”，在《煤炭科技名词》中已规范为“爆破”。

2）按伤害程度分类。在国家标准《企业职工伤亡事故分类》（GB 6441—1986）中，把受伤害者的伤害程度分成 3 类：

①轻伤。损失工作日 1 个工作日以上、低于 105 个工作日的失能伤害。

②重伤。损失工作日等于或大于 105 个工作日、小于 6 000 个工作日的失能伤害。

③死亡。发生事故后当即死亡，包括急性中毒死亡，或受伤后在30天内死亡的事故。或损失工作日为6 000个工作日（含）的失能伤害。

3）按事故经济损失程度分类。根据国家标准《企业职工伤亡事故经济损失统计标准》（GB 6721—1986）的规定，将事故分为以下4类：

①一般损失事故。经济损失小于1万元的事故。

②较大损失事故。经济损失大于等于1万元，但小于10万元的事故。

③重大损失事故。经济损失大于等于10万元，但小于100万元的事故。

④特大损失事故。经济损失大于等于100万元（含）的事故。

4）按事故严重程度分类。2007年6月1日起开始实施的《生产安全事故报告和调查处理条例》中，根据事故造成的人员伤亡或者直接经济损失，将事故分为以下等级：

①特别重大事故，是指造成30人以上死亡，或者100人以上重伤（包括急性工业中毒，下同），或者1亿元以上直接经济损失的事故。

②重大事故，是指造成10人以上30人以下死亡，或者50人以上100人以下重伤，或者5 000万元以上1亿元以下直接经济损失的事故。

③较大事故，是指造成3人以上10人以下死亡，或者10人以上50人以下重伤，或者1 000万元以上5 000万元以下直接经济损失的事故。

④一般事故，是指造成3人以下死亡，或者10人以下重伤，

或者 1 000 万元以下直接经济损失的事故。

国务院安全生产监督管理部门可以会同国务院有关部门，制定事故等级划分的补充性规定。目前，这类事故分类方法经常被用于企业生产安全事故的调查分析与处理。

3. 常见的作业类别及主要危险特征

按照工作环境中主要危险特征及工作条件特点，可以将常见的作业类别分为 39 种，见表 1—2，这些作业类别均可能造成伤害。

表 1—2　　作业类别及主要危险特征举例

<table>
<tr><th>序号</th><th>作业类别</th><th>说明</th><th>可能造成的事故类型</th><th>举例</th></tr>
<tr><td>1</td><td>存在物体坠落、撞击的作业</td><td>物体坠落或横向上可能有物体相撞的作业</td><td rowspan="2">物体打击与碰撞</td><td>建筑安装、桥梁建设、采矿、钻探、造船、起重、森林采伐</td></tr>
<tr><td>2</td><td>有碎屑飞溅的作业</td><td>加工过程中可能有切屑飞溅的作业</td><td>破碎、锤击、铸件切削、砂轮打磨、高压流体清洗</td></tr>
<tr><td>3</td><td>操作转动机械作业</td><td>机械设备运行中引起绞、碾等伤害的作业</td><td rowspan="2">机械伤害</td><td>机床、传动机械</td></tr>
<tr><td>4</td><td>接触锋利器具作业</td><td>生产中使用的生产工具或加工产品易对操作者产生割伤、刺伤等伤害的作业</td><td>金属加工的打毛清边、玻璃装配与加工</td></tr>
</table>

续表

序号	作业类别	说明	可能造成的事故类型	举例
5	地面存在尖利器物的作业	工作平面上可能存在对工作者脚部或腿部产生刺伤伤害的作业	其他	森林作业、建筑工地作业
6	手持振动机械作业	生产中使用手持振动工具，直接作用于人手臂系统的机械振动或冲击作业	机械伤害	风钻、风铲、油锯
7	人承受全身振动的作业	承受振动或处于不易忍受的振动环境中的作业		田间机械驾驶作业、林业作业
8	铲、装、吊、推机械操作作业	各类活动范围较小的重型采掘、建筑、装载起重设备的操作与驾驶作业	其他运输工具伤害	操作铲机、推土机、装卸机、天车、龙门吊、塔吊、单臂起重机等机械
9	低压带电作业	额定电压小于1千伏的带电操作作业	电流伤害	低压设备或低压线路带电维修
10	高压带电作业	额定电压大于或等于1千伏的带电操作作业		高压设备或高压线路带电维修
11	高温作业	在生产劳动过程中，其工作地点平均 WBGT 指数（湿球黑球温度）等于或大于 25℃的作业，如热的液体、气体对人体的烫伤，热的固体与人体接触引起的灼伤，火焰对人体的烧伤以及炽热源的热辐射对人体的伤害	热烧灼	熔炼、浇注、热轧、锻造、炉窖作业

续表

序号	作业类别	说明	可能造成的事故类型	举例
12	易燃易爆场所作业	易燃易爆品失去控制的燃烧引发火灾	火灾	接触火工材料、易挥发易燃的液体及化学品、可燃性气体的作业，如接触汽油、甲烷等的作业
13	可燃性粉尘场所作业	工作场所中在常温、常压下存在可燃固体物质粉尘的作业	化学爆炸	接触可燃性化学粉尘（如铝、镁粉等）的作业
14	高处作业	坠落高度基准面大于2米的作业	坠落	室外建筑安装、架线、高崖作业、货物堆砌
15	井下作业	存在矿山工作面、巷道侧壁支护不当，压力过大造成的坍塌或顶板坍塌，以及高势能水意外流向低势能区域的作业	冒顶片帮、透水	井下采掘、运输、安装
16	地下作业	进行地下管网的铺设及地下挖掘的作业		地下开拓建筑安装
17	水上作业	有落水危险的水上作业	影响呼吸	水上作业平台、水上运输、木材水运、水产养殖与捕捞
18	潜水作业	需潜入水面以下的作业		水下采集、救捞、水下养殖、水下勘查、水下建造、水下焊接与切割

续表

序号	作业类别	说明	可能造成的事故类型	举例
19	吸入性气相毒物作业	工作场所中存有常温、常压下呈气体或蒸气状态，经呼吸道吸入能产生毒害物质的作业	毒物伤害	接触氯气、一氧化碳、硫化氢、氯乙烯、光气、汞的作业
20	密闭场所作业	在空气不流通的场所中作业，包括在缺氧即空气中含氧浓度小于18%和毒气、有毒气溶胶浓度超过标准并不能排除等场所中作业	影响呼吸	密闭的罐体、房仓、孔道或排水系统、炉窑、存放耗氧器具或生物体进行耗氧过程的密闭空间
21	吸入性气溶胶毒物作业	工作场所中存有常温、常压下呈气溶胶状态，经呼吸道吸入能产生毒害物质的作业	毒物伤害	接触铝、铬、铍、锰、镉等有毒金属及其化合物的烟雾和粉尘、沥青烟雾、矽尘、石棉尘及其他有害的动（植）物性粉尘的作业
22	沾染性毒物作业	工作场所中存有能黏附于皮肤、衣物，经皮肤吸收产生伤害或对皮肤产生毒害物质的作业	毒物伤害	接触有机磷农药、有机汞化合物、苯和苯的二硝基化合物及三硝基化合物、放射性物质的作业
23	生物性毒物作业	工作场所中有感染或吸收生物毒素危险的作业	毒物伤害	有毒性动植物养殖、生物毒素培养制剂、带菌或含有生物毒素的制品加工处理、腐烂物品处理、防疫检验

续表

序号	作业类别	说明	可能造成的事故类型	举例
24	噪声作业	声级大于85分贝环境中的作业	其他	风钻、气锤、铆接、钢筒内的敲击或铲锈
25	强光作业	强光源或产生强烈红外辐射和紫外辐射的作业	辐射伤害	弧光、电弧焊、窑炉作业
26	激光作业	激光发射与加工的作业		激光加工金属、激光焊接、激光测量、激光通信
27	荧光屏作业	长期从事荧光屏操作与识别的作业		电脑操作、电视机调试
28	微波作业	微波发射与加工的作业		微波调试、微波发射、微波加工与利用
29	射线作业	产生电离辐射的、辐射剂量超过标准的作业		放射性矿物的开采、选矿、冶炼、加工，核废料或核事故处理，放射性物质使用，X射线检测
30	腐蚀性作业	产生或使用腐蚀性物质的作业	化学灼伤	二氧化硫气体净化、酸洗、化学镀膜
31	易污作业	容易污秽皮肤或衣服的作业	其他	炭黑、染色、油漆及有关的卫生工程
32	恶味作业	产生难闻气味或恶味不易清除的作业	影响呼吸	熬胶、恶臭物质处理与加工

续表

序号	作业类别	说明	可能造成的事故类型	举例
33	低温作业	在生产劳动过程中，其工作地点平均气温等于或低于5℃的作业	影响体温调节	冰库
34	人工搬运作业	通过人力搬运，不使用机械或其他自动化设备的作业	其他	人力抬、扛、推、搬移
35	野外作业	从事野外露天作业	影响体温调节	地质勘探、大地测量
36	涉水作业	作业中需接触大量水或须立于水中	其他	矿井、隧道、水力采掘、地质钻探、下水工程、污水处理
37	车辆驾驶作业	各类机动车辆驾驶的作业	车辆伤害	汽车驾驶
38	一般性作业	无上述作业特征的普通作业	其他	自动化控制、缝纫、工作台上手工胶合与包装、精细装配与加工
39	其他作业	1～38以外的作业	—	—

注：实际工作中涉及多项作业特征的，为综合性作业。

4. 事故的基本特征

大量的事故调查、统计、分析表明，事故有其自身特有的属性。掌握和研究这些特性对于指导人们认识事故、了解事故和预防事故具有重要意义。

（1）普遍性

自然界中充满着各种各样的危险，人类的生产、生活过程中也总是伴随着危险。所以，发生事故的可能性普遍存在。危险是客观存在的，不同生产、生活过程的危险性各不相同，事故发生的可能性也存在着差异。

（2）随机性

事故发生的时间、地点、形式、规模和事故后果的严重程度都是不确定的。何时、何地、发生何种事故，其后果如何，都很难预测，从而给事故的预防带来一定困难。但是，在一定的范围内，事故的随机性遵循数理统计规律，即在大量事故统计资料的基础上，可以找出事故发生的规律，预测事故发生概率的大小。因此，事故统计分析对制定正确的预防措施具有重要作用。

（3）必然性

危险是客观存在的，而且是绝对的，只不过是事故发生的概率、人员伤亡和财产损失的严重程度不同而已。人们采取措施预防事故，只能延长事故发生的时间间隔，降低事故发生的概率，而不能完全杜绝事故。

（4）因果相关性

事故是系统中相互联系、相互制约的多种因素共同作用的结果。导致事故的原因多种多样，总体上，事故原因可分为人的不安全行为、物的不安全状态、环境的不良刺激作用。逻辑上，事故原因又可分为直接原因和间接原因等。这些原因在系统中相互作用、相互影响，在一定的条件下发生突变，即酿成事故。通过事故调查分析，探求事故发生的因果关系，搞清事故发生的直接原因、间接原因和主要原因，对于预防事故发生具有积极作用。

（5）突变性

系统由安全状态转化为事故状态实际上是一种突变现象。事故一旦发生，往往十分突然，令人措手不及。因此，制定事故预案，加强应急救援训练，提高作业人员的应急反应能力和应急救援水平，对于减少人员伤亡和财产损失尤为重要。

（6）潜伏性

事故的发生具有突变性，但在事故发生之前存在一个量变过程，亦即系统内部相关参数的渐变过程，所以事故具有潜伏性。一个系统，可能长时间没有发生事故，但这并非就意味着该系统是安全的，因为它可能潜伏着事故隐患。这种系统在事故发生之前所处的状态不稳定，为了达到系统的稳定态，系统要素会不断发生变化。当某一触发因素出现，即可导致事故。事故的潜伏性往往会引起人们的麻痹思想，从而酿成重大恶性事故。

（7）危害性

凡是事故，特别是伤亡事故，都会在一定程度上给个人、集体和社会带来损失或危害，乃至夺去人的生命，威胁企业的生存或影响到社会的稳定。因此，人们面对事故危险，总是全力抗争而追求安全。

（8）可预防性

尽管事故的发生是必然的，但采取控制措施可以预防事故发生或者延缓事故发生的时间间隔。充分认识事故的这一特性，对于防止事故发生有促进作用。通过事故调查，探求事故发生的原因和规律，采取预防事故的措施，可以有效降低事故发生的概率。

5. 事故对人的伤害

（1）事故伤害分类

根据事故发生后人员受到伤害的严重程度和伤害后的恢复情况，可将伤害分为4类：

1）暂时性失能伤害。受伤害者或中毒者暂时不能从事原岗位工作，经过一段时间的治疗或休息可以恢复工作能力的伤害。

2）永久性部分失能伤害。导致受伤害者或中毒者肢体或某些器官的功能发生不可逆丧失的伤害。

3）永久性全失能伤害。使受伤害者或中毒者完全失去工作或者生活能力的伤害。

4）死亡。事故导致人员死亡，是人们最不愿意看到但是又不得不面对的残酷现实。从各类事故血的教训中不难看出，事故导致死亡不仅给企业和社会带来了巨大的损失，更会使很多家庭支离破碎，重特大事故对社会乃至国家造成的负面影响不可估量。

（2）事故造成工伤

在安全生产工作中，从事故统计的角度把造成损失工作日达到或超过1天的人身伤害或急性中毒事故称作伤亡事故。其中，适用《工伤保险条例》的所有用人单位的职工在工作过程中发生的人身伤害和急性中毒事故称作工伤事故。

工伤事故包括工作意外事故和职业病所致的伤残及死亡。这里所说的“伤”是指劳动者在工作中因发生意外事故导致身体器官或生理功能受到损害，分为器官损伤和职业病损伤两种情况，通常表现为暂时性的、部分的劳动能力丧失。“残”是指劳动者因工负伤

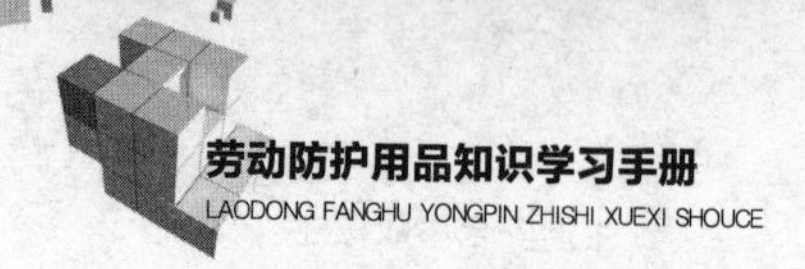

或者患职业病后，虽经治疗、休养，但仍难痊愈，致使身体功能或智力不全。“残”包括肢体缺损和智力丧失两种情况，通常表现为永久性的部分劳动能力丧失或永久性的全部劳动能力丧失。

根据最新修订的《工伤保险条例》，对工伤的认定应符合以下规定：

1）应当认定工伤的情形。职工有下列情形之一的，应当认定为工伤：

①在工作时间和工作场所内，因工作原因受到事故伤害的。

②工作时间前后在工作场所内，从事与工作有关的预备性或者收尾性工作受到事故伤害的。

③在工作时间和工作场所内，因履行工作职责受到暴力等意外伤害的。

④患职业病的。

⑤因工外出期间，由于工作原因受到伤害或者发生事故下落不明的。

⑥在上下班途中，受到非本人主要责任的交通事故或者城市轨道交通、客运轮渡、火车事故伤害的。

⑦法律、行政法规规定应当认定为工伤的其他情形。

2）应当视同工伤的情形。职工有下列情形之一的，视同工伤：

①在工作时间和工作岗位，突发疾病死亡或者在48小时之内经抢救无效死亡的。

②在抢险救灾等维护国家利益、公共利益活动中受到伤害的。

③职工原在军队服役，因战、因公负伤致残，已取得革命伤残军人证，到用人单位后旧伤复发的。

3）不能认定为工伤的情形。职工虽然符合《工伤保险条例》

的规定，但是有下列情形之一的，不得认定为工伤或者视同工伤：

①故意犯罪的。

②醉酒或者吸毒的。

③自残或者自杀的。

按照我国《工伤保险条例》和相关法律、法规的规定，工伤职工有权利享受国家社会保障制度规定的工伤待遇。虽然如此，工伤事故的发生仍然是职工本人及其家庭、职工所在就业单位，甚至是国家不愿看到的情形。

6. 事故发生的原因

在事故处理中，总是要分析事故产生的原因，通过事故的原因分析来定位事故责任。

事故之所以发生，是多种原因、各种因素综合作用的结果，既不是单个因素造成的，也不是个人偶然失误或单纯设备故障所形成的。比如，一起煤矿瓦斯爆炸事故，经过调查分析可以得出很多不安全的原因，这些不安全的原因包括：事发矿山整体安全生产管理混乱，如违法违章开采等；机械设备出现各种不安全的状态，如通风设备安置不合理、防爆电器失爆等；工人违章操作，如没有按操作规程作业、不正确佩戴劳动防护用品等。这些不安全因素共同作用，当工作面瓦斯超标，达到爆炸极限而没有及时采取措施时，就导致了瓦斯爆炸事故的发生。如果在事故发生后，应急救援系统不完善，不能及时而有序地进行事故应急救援，那么必然会造成极大的人员死伤事故，给企业和国家带来难以弥补的经济损失。

事故的发生有着深刻的原因，一般来说事故的原因包括直接原因和间接原因。

（1）直接原因

直接原因是与事故的发生有着最直接的因果关系，在时间上最接近事故发生的原因，又称为一次原因，它可分为3类：

1）物的原因。由于设备不良所引起的，也称为物的不安全状态。物的不安全状态是使事故能发生的不安全的物体条件或物质条件。

2）环境原因。由于环境不良所引起的。

3）人的原因。由于人的不安全行为而引起的。人的不安全行为是指违反安全法规和安全操作规程，使事故有可能或有机会发生的行为。

（2）间接原因

间接原因指引起事故发生的相关方面原因。间接原因主要有以下几个方面：

1）技术的原因。主要装置、机械、建筑的设计有缺陷，建筑物竣工后的检查保养等技术方面不完善，机械装备的布置不合理，工厂地面、室内照明以及通风、机械工具的设计和保养不完善，危险场所的防护设备及警报设备有缺陷，防护用具的维护和配备等存在技术缺陷等。

2）教育的原因。相关人员的安全知识和经验不足，对作业过程中的危险及其安全运行方法无知、轻视、不理解、训练不足，存在不良的操作习惯，缺乏经验等。

3）身体的原因。生产人员身体有缺陷或由于睡眠不足而疲劳、醉酒等。

4）精神的原因。操作人员存在怠工、反抗、不满等不良态度，焦躁、紧张、恐惧、相互不和等精神状况，褊狭、固执等性格缺陷。

5）管理原因。企业负责人对安全的责任心不强，企业作业标准不明确，缺乏检查保养制度，劳动组织不合理等。

7. 事故中各类因素的分析

（1）事故中人的因素

一般来说，凡是能够或可能导致事故发生的人为失误都属于不安全行为。《企业职工伤亡事故分类》（GB 6441—1986）中规定的十三大类人的不安全行为有：

1）操作错误，忽视安全，忽视警告。未经许可开动、关停、移动机器；开动、关停机器时未给信号；开关未锁紧，造成意外转动、通电或泄漏等；忘记关闭设备；忽视警告标志、警告信号；操作错误（指按钮、阀门、扳手、把柄等的操作）；奔跑作业；供料或送料速度过快；机械超速运转；违章驾驶机动车；酒后作业；客货混载；冲压机作业时，手伸进冲压模；工件紧固不牢；用压缩空气吹铁屑等。

2）造成安全装置失效。拆除了安全装置；安全装置堵塞，失去作用；调整错误造成安全装置失效等。

3）使用不安全设备。临时使用不牢固的设施，使用无安全装置的设备等。

4）用手代替工具操作。用手代替手动工具；用手清除切屑；不用夹具固定、用手拿工件进行机加工等。

5）物体（指成品、半成品、材料、工具、切屑和生产用品等）

存放不当。

6）冒险进入危险场所。冒险进入涵洞；接近漏料处（无安全设施）；采伐、集材、运材、装车时，未离危险区；未经安全管理人员允许进入油罐或井中；未“敲帮问顶”就开始作业；冒进信号；调车场超速上下车；易燃、易爆场所使用明火；私自搭乘矿车；在绞车道行走；未及时瞭望。

7）攀、坐不安全位置（如平台护栏、汽车挡板、吊车吊钩）。

8）在起吊物下作业、停留。

9）机器运转时进行加油、修理、检查、调整、焊接、清扫等工作。

10）有分散注意力的行为。

11）在必须使用个人防护用品、用具的作业场所，忽视其使用。未戴护目镜或面罩，未戴防护手套，未穿安全鞋，未戴安全帽，未佩戴呼吸护具，未佩戴安全带，未戴工作帽等。

12）不安全装束。在有旋转零部件的设备旁作业，穿着过于肥大服装。操纵带有旋转零部件的设备时戴手套等。

13）对易燃、易爆等危险物品的错误处理。

在日常工作中，常常能看到由于人的不安全心理状态导致生产过程中的“三违”（违章指挥、违章作业、违反劳动纪律）行为，而“三违”极其容易造成事故的发生。常见人的不安全心理如下：

①自我表现心理，如“虽然进厂时间短，但是我年轻、聪明，这工作太简单了！”

②经验心理，如“多少年一直干这工作，干多少遍了，会出什么问题啊！”

③侥幸心理，如“完全照着操作规程太麻烦了，偶尔一两次违

规不会出事的！”

④从众心理，如“别人这么干都没事，我不会那么倒霉的！”

⑤逆反心理，如“凭什么听班长的啊！今儿我就这么干了！”

⑥反常心理，如“唉！孩子住院了，也不知道现在怎么样了！”

（2）事故中物的因素

《企业职工伤亡事故分类》（GB 6441—1986）中规定物的不安全状态包括：

1）防护、保险、信号等装置缺乏或有缺陷。无防护，如无防护罩、无安全保险装置、无报警装置、无安全标志、无护栏或护栏损坏等；防护不当，如防护罩未在适当位置、防护装置调整不当、防爆装置不当、电气装置带电部分裸露等。

2）设备、设施、工具、附件有缺陷。设计不当，结构不合安全要求，如通道门遮挡视线、制动装置有缺陷、安全间距不够等；强度不够，如机械强度不够、绝缘强度不够、起吊重物的绳索不合安全要求等；设备在非正常状态下运行，如设备带“病”运转、超负荷运转等；维修、调整不良，如设备失修、地面不平、保养不当、设备失灵等。

3）个人防护用品、用具缺少或有缺陷。例如，无个人防护用品、用具，所用的防护用品、用具不符合安全要求等。

4）生产（施工）场地环境不良。例如，照明光线不良、通风不良、瓦斯超限、作业场所狭窄、交通线路的配置不安全等。

（3）事故中管理上的因素

经过总结各种重大安全生产事故的调查报告，可以看出大部分事故是由管理上的失误导致的，不是天灾，而是人祸，是完全可以避免的事故。

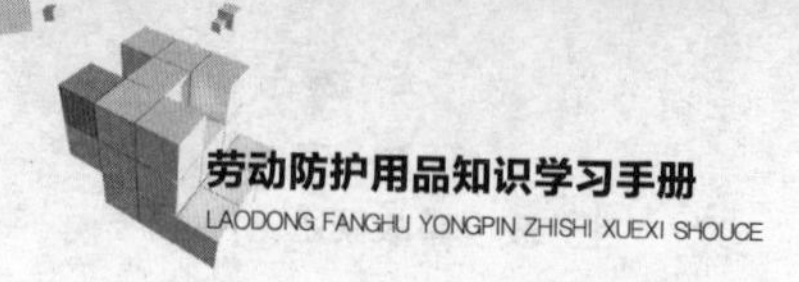

管理是否完善体现在安全生产法律、法规的落实，安全生产管理体系（一种管理方法）、安全生产管理工作的有效性和可靠性，预防事故发生的组织措施的完善性（教育和管理措施等），操作者和管理者安全素质高低及对不安全行为的控制等方面。

管理的缺陷具体表现为：没有按规定对职工进行安全教育和技术培训，或需要考试但却未经考试合格就上岗操作；缺乏安全操作规程或安全操作规程不健全；安全措施、安全信号、安全标志、安全用具、个人劳动防护用品缺乏或有缺陷；对现场工作缺乏检查或指导错误；违章指挥、违反安全生产责任制、违反劳动纪律、玩忽职守。

8. 海因里希法则

事故和事故后果是具有因果关系的，即由于事故的发生产生了某种事故后果。但是在日常生产、生活中，人们往往把事故和事故后果看作一件事件。之所以产生这种认识，是因为事故的后果，特别是给人们带来严重伤害或损失的后果，给人的印象非常深刻，相应地使人们注意到带来这种后果的事故；相反地，当事故带来的后果非常轻微，或发生的是未遂事故，往往不会引起人们的注意。

说起事故，就不能不重视轻微后果事故或未遂事故，就不能不提到一个著名的学术观点，即海因里希法则。

美国著名安全工程师海因里希（Herbert Wiuiam Heinrich）统计了 55 万件机械事故，其中死亡重伤事故 1 666 件，轻伤事故 48 334 件，其余则为无伤害事故，从而得出，在机械事故中，严重伤害、轻微伤害和没有伤害的事故件数之比为 1∶29∶300，这就是著名的海因里希法则，如图 1—1 所示。

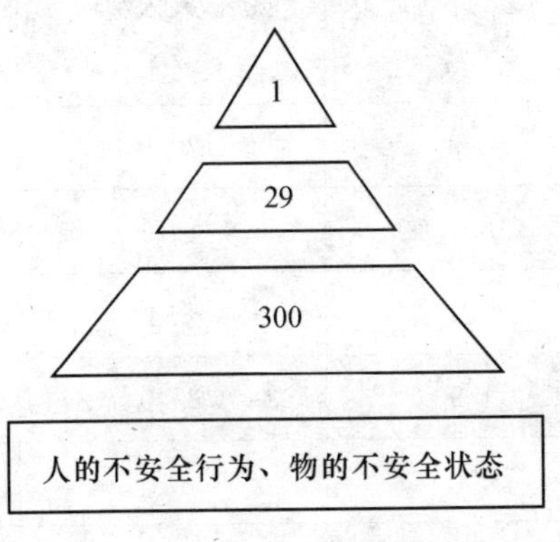

图 1—1　海因里希法则示意图

海因里希法则反映了事故发生频率与事故后果严重度之间的一般规律，且说明事故发生后其后果的严重程度具有随机性质，或者说其后果的严重度取决于机会因素。因此，一旦发生事故，控制事故后果的严重程度是一件非常困难的工作。为防止严重伤害的发生，应该全力以赴地防止各类事故甚至是未遂事故的发生。

海因里希法则是根据同类事故的统计资料得到的结果，实际上不同种类的事故这个比例是不相同的。日本学者青岛贤司的调查表明，日本重型机械和材料工业的重、轻伤之比为 1∶8，而轻工业则为 1∶32。美国也有按事故类型分类进行的统计，见表 1—3。而同一企业中不同的生产作业，这个比例也会有所差异。

例如，某工人在地板上滑倒，跌坏膝盖骨，造成重伤。调查表明，该工人经常弄湿地板而不擦干，且达 6 年之久。他在湿滑的地板上行走时经常滑倒，无伤害、轻微伤害及严重伤害的比例为 1 800∶0∶1。

表 1—3　　事故类型及伤害严重度

事故类型	暂时丧失劳动能力比例/%	部分丧失劳动能力比例/%	完全丧失劳动能力比例/%
运输	24.3	20.9	5.6
坠落	18.1	16.2	15.9
物体打击	10.4	8.4	18.1
机械	11.9	25.0	9.1
车辆	8.5	8.4	23.0
手工工具	8.1	7.8	1.1
电气	3.5	2.5	13.4
其他	15.2	10.8	13.8

再如，某机械师企图用手把传动带挂到正在旋转的带轮上，由于他站在摇晃的梯子上，徒手操作，又穿了一件袖口宽大的衣服，结果被带轮卷入而死亡。事故调查表明，他用这种方法挂传动带已达数年之久，手下的工人均佩服他技艺高超。查阅 4 年来的就诊记录，发现他曾被擦伤手臂 33 次，估计无伤害、轻微伤害与严重伤害的比例为 1 200∶33∶1。

海因里希法则阐明了事故发生频率与伤害严重程度之间的普遍规律，即一般情况下，事故发生后造成严重伤害的可能性是很小的，大量发生的是轻微伤害或者无伤害，这也是为什么人们容易忽略安全问题的主要原因之一。

根据海因里希法则，在同类事故中，未遂事故和轻伤事故发生的可能性要比严重伤害事故大得多，只要我们关注未遂事故，研究未遂事故，就有可能控制严重事故的发生，这也是事故预防与控制的重要手段之一。对于一些未知因素较多的系统，如采用新技术、新设备、新工艺、新材料、新产品等的系统更是如此。

另外，海因里希法则也指出，未遂事故虽然没有造成人身伤害和经济损失，但由于其发生的原因和发展的过程极可能造成严重伤害或重大事故，因而必须对其进行深入研究，探讨其发生原因和发展规律，从而采取相应措施，消除事故原因或斩断事故发展过程，达到控制和预防事故的目的。

日本曾经掀起的“消灭300”运动，其目的正在于此。美国有关学者也曾进行过类似的研究，他们在某企业对两组执行同样操作的员工做了一次对比试验，对其中的甲组进行正常管理，对乙组则要求及时上报未遂事故，经专家分析后采取相应措施。一年后的统计数据表明，乙组的事故率比甲组有明显的降低。

9. 职业病危害因素及其分类

（1）职业病危害因素的定义

职业病危害因素又称职业性危害因素，是在职业活动中产生和（或）存在的、可能对职业人群健康、安全和作业能力造成不良影响的因素或条件，包括化学、物理、生物等因素。

（2）职业病危害因素分类

根据《职业病危害因素分类目录》（国卫疾控发〔2015〕92号），可将职业病危害因素分为以下几类：

1）粉尘类。粉尘类职业病危害因素包括矽尘（游离 SiO_2 含量≥10%）、煤尘、石墨粉尘、炭黑粉尘、石棉粉尘、滑石粉尘、

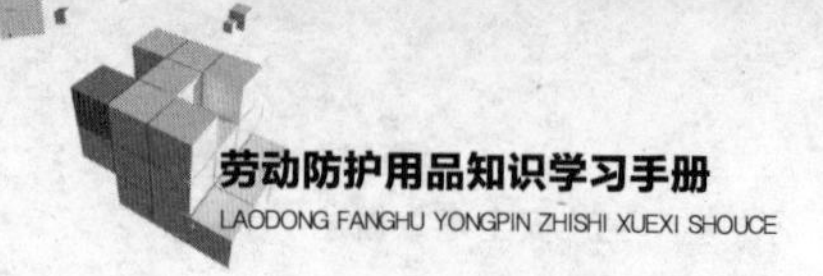

水泥粉尘、云母粉尘、陶土粉尘、铝尘、电焊烟尘、铸造粉尘、白炭黑粉尘、白云石粉尘、玻璃钢粉尘、玻璃棉粉尘、茶尘、大理石粉尘、二氧化钛粉尘、沸石粉尘、谷物粉尘（游离 SiO_2 含量<10%）、硅灰石粉尘、硅藻土粉尘（游离 SiO_2 含量<10%）、活性炭粉尘等可导致职业病的粉尘等共 51 种。

2）化学因素类。化学因素类包括铅及其化合物（不包括四乙基铅），汞及其化合物，锰及其化合物，镉及其化合物，铍及其化合物，铊及其化合物，钡及其化合物，钒及其化合物，磷及其化合物（磷化氢、磷化锌、磷化铝、有机磷单列），砷及其化合物（砷化氢单列），铀及其化合物，砷化氢，氯气，二氧化硫，光气（碳酰氯），氨，偏二甲基肼（1，1-二甲基肼），氮氧化合物，一氧化碳，二硫化碳，硫化氢，磷化氢、磷化锌、磷化铝，氟及其无机化合物，氰及其腈类化合物等可导致职业病的化学因素共 374 种。

3）物理因素类。物理因素类包括噪声、高温、低温、振动、紫外线、激光、红外线、微波、高气压、低气压等可导致职业病的物理因素共 14 种。

4）放射性因素类。放射性因素包括密封放射源、非密封放射源、氡及其短寿命子（限于高氡暴露矿工）、铀及其化合物、X 射线（含 CT 机）装置、加速器、中子发生器以及其他可导致职业病的放射因素共 8 种。

5）生物因素类。生物因素类包括艾滋病病毒（限于医疗卫生人员及人民警察）、布鲁氏菌、伯氏疏螺旋体、森林脑炎病毒、炭疽芽孢杆菌以及其他可导致职业病的物理因素共 6 种。

6）其他因素类。其他因素类包括金属烟、井下不良作业条件（限于井下工人）、刮研作业（限于手工刮研作业人员）共 3 种。

（3）职业卫生研究范围

职业卫生研究的是人类从事各种职业劳动过程中的卫生问题，其中包括劳动环境对劳动者健康的影响及防治职业性危害的对策。

只有创造合理的劳动工作条件，才能使所有从事劳动的人员在体格、精神、社会适应等方面都处于良好的状态。只有防治职业病和与职业有关的疾病，才能降低病伤缺勤，提高劳动生产率。因此，职业卫生研究实际上是对各种工作中的职业有害因素所致损害或疾病的预防。

（4）工作场所有害因素职业接触限值

接触限值是指劳动者在职业活动过程中长期反复接触，对机体健康不引起急性或慢性有害影响的容许接触水平。化学因素的职业接触限值可分为时间加权平均容许浓度、最高容许浓度和短时间接触容许浓度3类。

1）时间加权平均容许浓度。该浓度指以时间为权数规定的8小时工作日的平均容许接触水平。

2）最高容许浓度。该浓度指工作地点、在一个工作日内、任何时间都不应超过的有毒化学物质的浓度。

3）短时间接触容许浓度。该浓度指一个工作日内，任何一次接触不得超过的15分钟时间加权平均容许接触水平。

其中：工作场所是指劳动者进行职业活动的全部地点；工作地点是指劳动者从事职业活动或进行生产管理过程而经常或定时停留的地点。

（5）作业场所职业有害因素监测

作业场所职业有害因素监测主要有以下3类：

1）物理因素监测。例如，噪声作用强度可以用噪声剂量计连续测定，热辐射强度可用单向辐射热计和黑球温度计测定。

2）化学毒物监测。化学毒物监测分为区域采样和个体采样两种方式。

3）生物学监测。生物学监测分直接测试、间接测试等。

4）生产性粉尘监测。目前我国生产性粉尘卫生标准有时间加权平均容许浓度、总粉尘浓度和呼吸性粉尘容许浓度，同时还要对粉尘中游离二氧化硅的含量进行测定。

10. 职业病及其种类

当职业危害因素作用于人体的强度与时间超过一定的限度时，人体不能代偿其所造成的功能性或器质性病理的改变，从而出现相应的临床症状，影响劳动能力，这类疾病被称为职业病。一般被认定为职业病，应具备3个条件：该疾病应与工作场所的职业性有害因素密切相关；所接触有害因素的剂量（浓度或强度）无论过去或现在，都足以导致疾病的发生；必须区别职业性与非职业性病因所起的作用，而前者的可能性必须大于后者。

医学上所称的职业病泛指职业危害因素所引起的特定疾病，而在立法的意义上，职业病却具有一定的范围，即凡由国家政府主管部门明文规定的职业病，统称为法定职业病。随着经济发展和科技进步，各种新材料、新工艺、新技术不断出现，职业危害因素种类会发生变化，法定职业病目录也将及时修订。

根据《中华人民共和国职业病防治法》（以下简称《职业病防治法》），职业病是指企业、事业单位和个体经济组织的劳动者在职业活动中，因接触粉尘、放射性物质和其他有毒、有害物质等因素而引起的疾病。根据《职业病分类和目录》（国卫疾控发〔2013〕48号）规定，纳入职业病范围的职业病分10类115种。

（1）职业性尘肺病及其他呼吸系统疾病

1）尘肺病：矽肺；煤工尘肺；石墨尘肺；碳黑尘肺；石棉肺；滑石尘肺；水泥尘肺；云母尘肺；陶工尘肺；铝尘肺；电焊工尘肺；铸工尘肺；根据《尘肺病诊断标准》和《尘肺病理诊断标准》可以诊断的其他尘肺病。

2）其他呼吸系统疾病：过敏性肺炎；棉尘病；哮喘；金属及其化合物粉尘肺沉着病（锡、铁、锑、钡及其化合物等）；刺激性化学物所致慢性阻塞性肺疾病；硬金属肺病。

（2）职业性皮肤病

职业性皮肤病包括：接触性皮炎；光接触性皮炎；电光性皮炎；黑变病；痤疮；溃疡；化学性皮肤灼伤；白斑；根据《职业性皮肤病的诊断总则》可以诊断的其他职业性皮肤病。

（3）职业性眼病

职业性眼病包括：化学性眼部灼伤；电光性眼炎；白内障（含放射性白内障、三硝基甲苯白内障）。

（4）职业性耳鼻喉口腔疾病

职业性耳鼻喉口腔疾病包括：噪声聋；铬鼻病；牙酸蚀病；爆震聋。

（5）职业性化学中毒

职业性化学中毒包括：铅及其化合物中毒（不包括四乙基铅）；汞及其化合物中毒；锰及其化合物中毒；镉及其化合物中毒；铍病；铊及其化合物中毒；钡及其化合物中毒；钒及其化合物中毒；

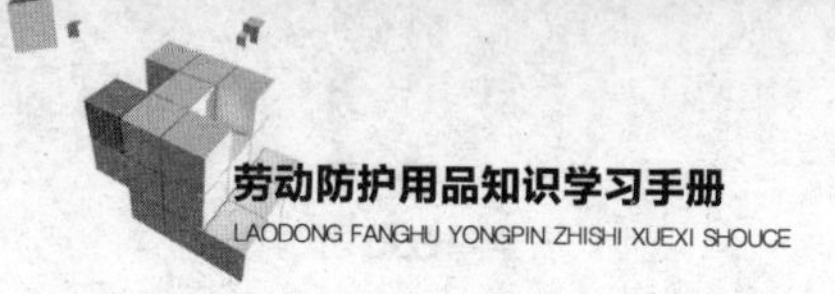

磷及其化合物中毒；砷及其化合物中毒；铀及其化合物中毒；砷化氢中毒；氯气中毒；二氧化硫中毒；光气中毒；氨中毒；偏二甲基肼中毒；氮氧化合物中毒；一氧化碳中毒；二硫化碳中毒；硫化氢中毒；磷化氢、磷化锌、磷化铝中毒；氟及其无机化合物中毒；氰及腈类化合物中毒；四乙基铅中毒；有机锡中毒；羰基镍中毒；苯中毒；甲苯中毒；二甲苯中毒；正己烷中毒；汽油中毒；一甲胺中毒；有机氟聚合物单体及其热裂解物中毒；二氯乙烷中毒；四氯化碳中毒；氯乙烯中毒；三氯乙烯中毒；氯丙烯中毒；氯丁二烯中毒；苯的氨基及硝基化合物（不包括三硝基甲苯）中毒；三硝基甲苯中毒；甲醇中毒；酚中毒；五氯酚（钠）中毒；甲醛中毒；硫酸二甲酯中毒；丙烯酰胺中毒；二甲基甲酰胺中毒；有机磷中毒；氨基甲酸酯类中毒；杀虫脒中毒；溴甲烷中毒；拟除虫菊酯类中毒；铟及其化合物中毒；溴丙烷中毒；碘甲烷中毒；氯乙酸中毒；环氧乙烷中毒；上述条目未提及的与职业有害因素接触之间存在直接因果联系的其他化学中毒。

（6）物理因素所致职业病

物理因素所致职业病包括：中暑；减压病；高原病；航空病；手臂振动病；激光所致眼（角膜、晶状体、视网膜）损伤；冻伤。

（7）职业性放射性疾病

职业性放射性疾病包括：外照射急性放射病；外照射亚急性放射病；外照射慢性放射病；内照射放射病；放射性皮肤疾病；放射性肿瘤（含矿工高氡暴露所致肺癌）；放射性骨损伤；放射性甲状腺疾病；放射性性腺疾病；放射复合伤；根据《职业性放射性疾病诊断标准（总则）》可以诊断的其他放射性损伤。

（8）职业性传染病

职业性传染病包括：炭疽；森林脑炎；布鲁氏菌病；艾滋病（限于医疗卫生人员及人民警察）；莱姆病。

（9）职业性肿瘤

职业性肿瘤包括：石棉所致肺癌、间皮瘤；联苯胺所致膀胱癌；苯所致白血病；氯甲醚、双氯甲醚所致肺癌；砷及其化合物所致肺癌、皮肤癌；氯乙烯所致肝血管肉瘤；焦炉逸散物所致肺癌；六价铬化合物所致肺癌；毛沸石所致肺癌、胸膜间皮瘤；煤焦油、煤焦油沥青、石油沥青所致皮肤癌；β-萘胺所致膀胱癌。

（10）其他职业病

其他职业病包括：金属烟热；滑囊炎（限于井下工人）；股静脉血栓综合征、股动脉闭塞症或淋巴管闭塞症（限于刮研作业人员）。

11. 事故和职业病危害因素预防原则

（1）事故的“三级防控”

事故预防的总体思路可借鉴较通用的“三级防控”。

1）第一级：原因控制，即从事故发生的源头抓起，坚持预防为主的理念，设计生产经营设备设施，贯彻“三同时”，以期达到本质安全水平。加强从业人员安全教育培训，使其掌握安全生产技术，同时注重个体生产过程风险防范。

2）第二级：抓好安全检查工作，落实隐患排查治理政策，将事故消灭在萌芽状态。

3）第三级：事故调查和处理。严肃事故发生后的调查与处理，落实各级部门、相关责任人的安全生产职责，总结事故教训，做到举一反三，避免事故再次发生。

本书重点内容个人劳动防护属于第一级安全防控措施，对避免事故的发生和人身财产损失具有重要的意义。

（2）危险有害因素防治

1）实行机械化、自动化。机械化、自动化能减轻劳动强度，减少人身伤害的危险。

2）设置安全装置。安全装置包括防护装置、保险装置、信号装置及危险牌示和识别标志。

3）增强机械强度。机械设备、装置及其主要部件必须具有必要的机械强度和安全系数。

4）保证电气安全可靠。电气安全对策通常包括防触电、防电气火灾爆炸和防静电等。

5）按规定维护保养和检修机器设备。

6）确保工作场所合理布局。

7）配备个人防护用品。必须根据危险、有害因素和作业类别配备具有相应防护功能的个人防护用品，作为补充对策。

（3）职业病危害三级预防原则

根据《职业病防治法》的规定，职业病防治工作坚持预防为主、防治结合的方针，实行分类管理、综合治理。劳动者依法享有职业卫生保护的权利。用人单位应当为劳动者创造符合国家职业卫生标准和卫生要求的工作环境和条件，并采取措施保障劳动者获得职业卫生保护。

用人单位应当建立、健全职业病防治责任制，加强对职业病防治的管理，提高职业病防治水平，对本单位产生的职业病危害承担责任。

预防职业病危害应遵循以下三级预防原则：

1）一级预防。从根本上使劳动者不接触职业病危害因素，例如，改变工艺，改进生产过程，确定容许接触量或接触水平，使生产过程达到安全标准，对人群中的易感者根据职业禁忌证避免有关人员进入职业禁忌岗位。

2）二级预防。在一级预防达不到要求、职业病危害因素已开始损伤劳动者健康时，应及时发现，采取补救措施，主要工作是进行职业危害及健康的早期检测与及时处理，防止其进一步发展。

3）三级预防。对已患职业病者，作出正确诊断，及时处理，包括及时脱离接触进行治疗、防止恶化和并发症，使其恢复健康。

12. 从业人员的安全生产权利与义务

（1）从业人员安全生产权利

我国党和政府一直高度重视劳动人民的生命财产权利，把生产过程中的安全放在首位，以法律的形式赋予从业人员安全生产权利。根据我国法律、法规规定，从业人员的安全生产权利主要有以下几个方面：

1）生产经营单位与从业人员订立的劳动合同，应当载明有关保障从业人员劳动安全、防止职业危害的事项，以及依法为从业人员办理工伤社会保险的事项。

生产经营单位不得以任何形式与从业人员订立协议，免除或者减轻其对从业人员因生产安全事故伤亡依法应承担的责任。

2）生产经营单位的从业人员有权了解其作业场所和工作岗位存在的危险因素、防范措施及事故应急措施，有权对本单位的安全生产工作提出建议。

3）从业人员有权对本单位安全生产工作中存在的问题提出批评、检举、控告，有权拒绝违章指挥和强令冒险作业。

生产经营单位不得因从业人员对本单位安全生产工作提出批评、检举、控告或者拒绝违章指挥、强令冒险作业而降低其工资、福利等待遇或者解除与其订立的劳动合同。

4）从业人员发现直接危及人身安全的紧急情况时，有权停止作业或者在采取可能的应急措施后撤离作业场所。

生产经营单位不得因从业人员在紧急情况下停止作业或者采取紧急撤离措施而降低其工资、福利等待遇或者解除与其订立的劳动合同。

5）因生产安全事故受到损害的从业人员，除依法享有工伤保险外，依照有关民事法律尚有获得赔偿权利的，有权向本单位提出赔偿要求。

（2）从业人员安全生产义务

法律赋予了从业人员安全生产权利，同时也要求从业人员承担一定的安全生产责任，以共同预防生产安全事故，为企业的生产安全和社会的稳定发展做出应有的贡献。

1）从业人员在作业过程中，应当严格遵守本单位的安全生产规章制度和操作规程，服从管理，正确佩戴和使用劳动防护用品。

2）从业人员应当接受安全生产教育和培训，掌握本职工作所需的安全生产知识，提高安全生产技能，增强事故预防和应急处理能力。

3）从业人员发现事故隐患或者其他不安全因素，应当立即向现场安全生产管理人员或者本单位负责人报告，接到报告的人员应当及时予以处理。

第二章

劳动防护用品的配备与管理

13. 劳动防护用品及其在事故与职业病预防中的作用

（1）劳动防护用品及其分类

劳动防护用品是指由生产经营单位为从业人员配备的，使其在劳动过程中免遭或者减轻事故伤害及职业危害的个人防护装备。

劳动防护用品分为以下十大类：

1）防御物理、化学和生物危险、有害因素对头部伤害的头部防护用品。

2）防御缺氧空气和空气污染物进入呼吸道的呼吸防护用品。

3）防御物理和化学危险、有害因素对眼面部伤害的眼面部防护用品。

4）防噪声危害及防水、防寒等的听力防护用品。

5）防御物理、化学和生物危险、有害因素对手部伤害的手部防护用品。

6）防御物理和化学危险、有害因素对足部伤害的足部防护用品。

7）防御物理、化学和生物危险、有害因素对躯干伤害的躯干

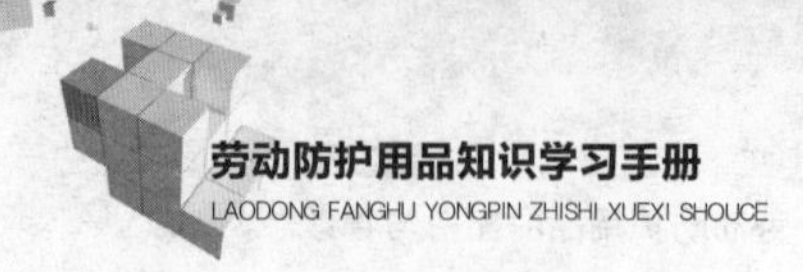

防护用品。

8）防御物理、化学和生物危险、有害因素损伤皮肤或引起皮肤疾病的护肤用品。

9）防止高处作业劳动者坠落或者高处落物伤害的坠落防护用品。

10）其他防御危险、有害因素的劳动防护用品。

（2）劳动防护用品的重要作用

劳动防护用品使用一定的屏蔽体或系带、浮体，采取隔离、封闭、吸收、分散、悬浮等手段，保护肌体免受外界危害因素的侵害。防护用品供劳动者个人随身使用，是保护劳动者人身安全与健康，防止伤亡事故和职业病的防护性装备。当劳动安全卫生技术措施尚不能消除生产劳动过程中的危险及有害因素，达不到国家标准、行业标准及有关规定，也暂时无法进行技术改造时，使用防护用品就成为既能完成生产劳动任务，又能保障劳动者安全与健康的唯一手段。防护用品的主要作用如下：

1）隔离和屏蔽作用。隔离和屏蔽作用是指使用一定的隔离或屏蔽体使肌体免受有害因素的侵害。例如，劳动防护用品能很好地隔绝外界的某些刺激，避免皮肤发生皮炎等病态反应。

2）过滤和吸附（收）作用。过滤和吸附（收）作用是指借助防护用品中某些聚合物本身的活性基团对毒物的吸附作用，洗涤空气。例如，活性炭等多孔物质可进行吸附排毒。

劳动防护用品的优劣直接关系到职工的安全健康，因此必须经劳动防护用品质量监督检查机构检验合格，并核发产品合格证。劳动防护用品的基本要求是：必须严格保证质量，具有足够的防护性能，安全可靠；防护用品所选用的材料必须符合人体生理要求，不能成为危害因素来源；防护用品要使用方便，不影响正常工作。

14. 用人单位劳动防护用品管理要求

（1）法律法规要求

依据《用人单位劳动防护用品管理规范》和其他法律、法规的规定，用人单位应当依法为劳动者提供劳动防护用品，保障劳动者安全与健康的辅助性、预防性措施，不得以劳动防护用品替代工程防护设施和其他技术、管理措施。

（2）具体管理要求

用人单位劳动防护用品管理要求如下：

1）用人单位应当健全管理制度，加强劳动防护用品配备、发放、使用等管理工作。

2）用人单位应当安排专项经费用于配备劳动防护用品，不得以货币或者其他物品替代。该项经费记入生产成本，据实列支。

3）用人单位应当为劳动者提供符合国家标准或者行业标准的劳动防护用品。使用进口的劳动防护用品，其防护性能不得低于我国相关标准。鼓励用人单位购买、使用获得安全标志的劳动防护用品。

4）劳动者在作业过程中，应当按照规章制度和劳动防护用品使用规则，正确佩戴和使用劳动防护用品。

5）用人单位使用的劳务派遣工、接纳的实习学生应当纳入本单位人员统一管理，并配备相应的劳动防护用品。对处于作业地点的其他外来人员，必须按照与进行作业的劳动者相同的标准，正确佩戴和使用劳动防护用品。

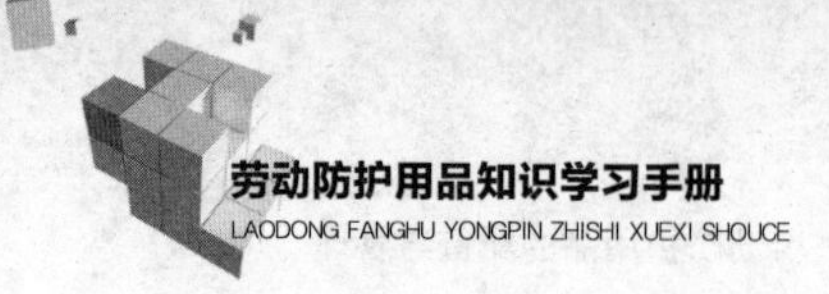

15. 配备、选用劳动防护用品的方法

在选择各种防护用品时，除按国家标准外，还应参考相应的选用规范，遵守国家相应的法律、法规要求，并根据实际作业情况选择个体防护装备。

如果有害物会伤害头部、耳、眼面、口、手臂、身体、皮肤、足部等部位，应根据不同部位选用相对应的防护用品。

个人使用的防护用品只有与个人尺寸相匹配才能发挥最好的防护功能，因此，在选用个人防护用品时应有不同的型号供使用者选用。

（1）头部防护

头部防护主要是佩戴安全帽。安全帽适用于存在物体坠落、物体打击危险的环境。

（2）坠落防护

防坠落主要是系好安全带。安全带适用于需要登高（2 米以上）及有跌落危险的作业。

（3）眼睛防护

眼睛防护一般是指佩戴防护眼镜、眼罩或面罩：存在粉尘、气体、蒸气、雾、烟或飞屑刺激眼睛或面部时，应佩戴防护眼镜、防化学物眼罩或面罩（需整体考虑眼睛和面部同时防护的需求）；焊接作业时，应佩戴焊接防护镜和面罩。

（4）手部防护

手部防护的主要方法是佩戴防切割、防腐蚀、防渗透，隔热、绝缘、保温、防滑等手套：可能接触尖锐物体或粗糙表面时，选用

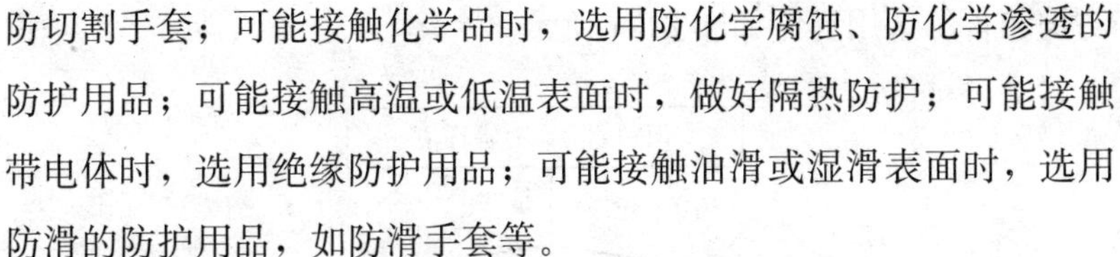
防切割手套；可能接触化学品时，选用防化学腐蚀、防化学渗透的防护用品；可能接触高温或低温表面时，做好隔热防护；可能接触带电体时，选用绝缘防护用品；可能接触油滑或湿滑表面时，选用防滑的防护用品，如防滑手套等。

（5）足部防护

足部防护用品主要有防砸、防腐蚀、防渗透、防滑、防火花的保护鞋：可能发生物体砸落危险的地方，要穿防砸保护鞋；可能接触化学液体的作业环境，要穿防化学腐蚀防护鞋；注意在特定的环境穿防滑或绝缘或防火花的防护鞋。

（6）躯干防护

防护服主要有保温、防水、防化学腐蚀、阻燃、防静电、防放射线等类型：高温或低温作业时，应穿具有保温作用的防护服；潮湿或浸水环境作业时，防护服应能防水；可能接触化学液体时，应选用具有化学防护作用的防护服；在特殊环境下的防护服应具有阻燃、防静电、防放射线等功能。

（7）听力防护

应根据《工业企业职工听力保护规范》（卫法监发〔1999〕第620号）选用护耳器，同时还要考虑提供适宜的通信设备。

（8）呼吸防护

应根据《呼吸防护用品的选择、使用与维护》（GB/T 18664—2002）的规定选用呼吸防护用品。在考虑环境是否缺氧、是否有易燃易爆气体、是否存在空气污染，以及有害气体种类、特点、浓度等因素之后，选择适用的呼吸防护用品。

综合性作业需根据作业特点选择多功能防护装备。

根据可识别的危险、有害因素进行个体防护装备的选择。个体

防护装备的选用程序如图 2—1 所示。

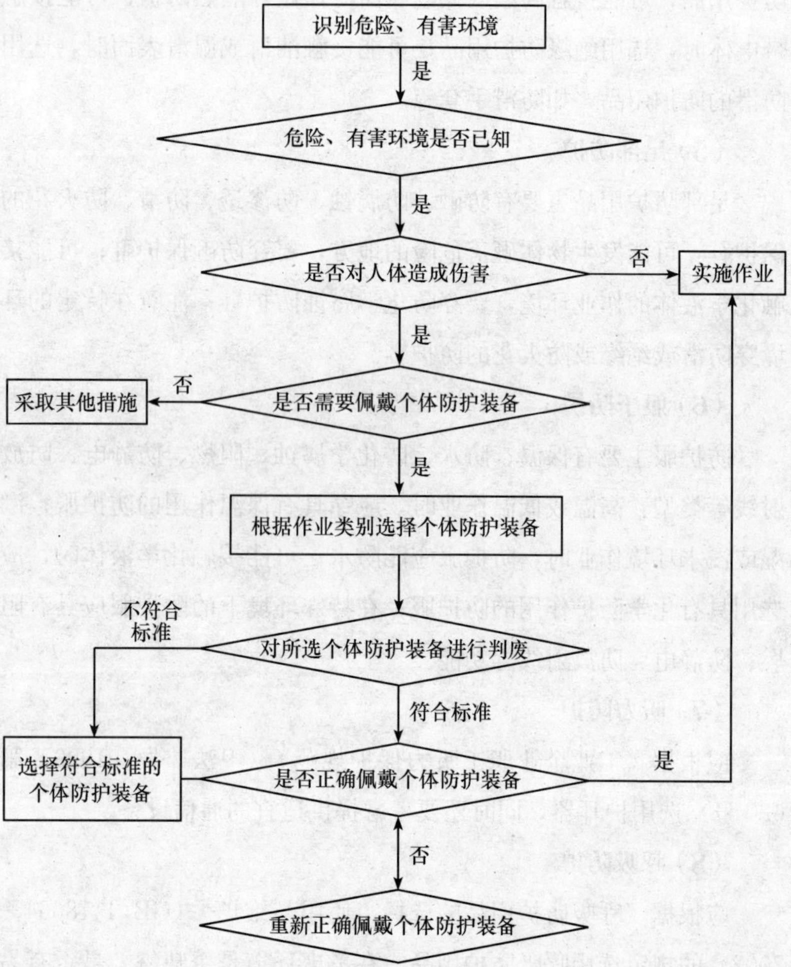

识别危险、有害环境
是
危险、有害环境是否已知
是
是否对人体造成伤害
否
实施作业
是
是否需要佩戴个体防护装备
否
采取其他措施
是
根据作业类别选择个体防护装备
对所选个体防护装备进行判废
不符合标准
选择符合标准的个体防护装备
符合标准
是否正确佩戴个体防护装备
是
否
重新正确佩戴个体防护装备

2—1 个体防护装备选用程序

各类作业条件下个体防护装备的选用具体见表 2—1。

表2—1　　个体防护装备的选用

作业类别		可以使用的防护用品	建议使用的防护用品
序号	类别名称		
1	存在物体坠落、撞击的作业	安全帽 防砸鞋（靴） 防刺穿鞋 安全网	防滑鞋
2	有碎屑飞溅的作业	安全帽 防冲击护目镜 一般防护服	防机械伤害手套
3	操作转动机械作业	工作帽 防冲击护目镜 其他零星防护用品	
4	接触锋利器具作业	防机械伤害手套 一般防护服	安全帽 防砸鞋（靴） 防刺穿鞋
5	地面存在尖利器物的作业	防刺穿鞋	安全帽
6	手持振动机械作业	耳塞 耳罩 防振手套	防振鞋
7	承受全身振动的作业	防振鞋	
8	铲、装、吊、推机械操作作业	安全帽 一般防护服	防尘口罩（防颗粒物呼吸器） 防冲击护目镜

续表

<table>
<tr><th colspan="3">作业类别</th><th rowspan="2">可以使用的防护用品</th><th rowspan="2">建议使用的防护用品</th></tr>
<tr><th>序号</th><th colspan="2">类别名称</th></tr>
<tr><td>9</td><td colspan="2">低压带电作业（1千伏以下）</td><td>绝缘手套
绝缘鞋
绝缘服</td><td>安全帽（带电绝缘性能）
防冲击护目镜</td></tr>
<tr><td rowspan="2">10</td><td rowspan="2">高压带电作业</td><td>在1千伏至10千伏带电设备上进行作业时</td><td>安全帽（带电绝缘性能）
绝缘手套
绝缘鞋
绝缘服</td><td>防冲击护目镜
带电作业屏蔽服
防电弧服</td></tr>
<tr><td>在10千伏至500千伏带电设备上进行作业时</td><td>带电作业屏蔽服</td><td>防强光、紫外线、红外线护目镜或面罩</td></tr>
<tr><td>11</td><td colspan="2">高温作业</td><td>安全帽
防强光、紫外线、红外线护目镜或面罩
隔热阻燃鞋
白帆布类隔热服
热防护服</td><td>镀反射膜类隔热服
其他零星防护用品</td></tr>
<tr><td>12</td><td colspan="2">易燃易爆场所作业</td><td>防静电手套
防静电鞋
化学品防护服
阻燃防护服
防静电服
棉布工作服</td><td>防尘口罩（防颗粒物呼吸器）
防毒面具
防尘服</td></tr>
</table>

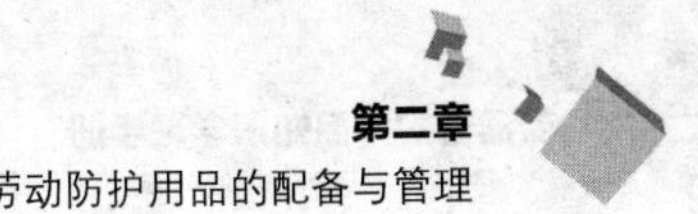

续表

<table>
<tr><th colspan="2">作业类别</th><th rowspan="2">可以使用的
防护用品</th><th rowspan="2">建议使用的
防护用品</th></tr>
<tr><th>序号</th><th>类别名称</th></tr>
<tr><td>13</td><td>可燃性粉尘场所作业</td><td>防尘口罩（防颗粒物呼吸器）
防静电手套
防静电鞋
防静电服
棉布工作服</td><td>防尘服
阻燃防护服</td></tr>
<tr><td>14</td><td>高处作业</td><td>安全帽
安全带
安全网</td><td>防滑鞋</td></tr>
<tr><td>15</td><td>井下作业</td><td rowspan="2">安全帽
防尘口罩（防颗粒物呼吸器）
防毒面具
自救器
耳塞
防静电手套
防振手套
防水胶靴
防砸鞋（靴）
防滑鞋
矿工靴
防水服
阻燃防护服</td><td rowspan="2">耳罩
防刺穿鞋</td></tr>
<tr><td>16</td><td>地下作业</td></tr>
<tr><td>17</td><td>水上作业</td><td>防水胶靴
水上作业服
救生衣（圈）</td><td>防水服</td></tr>
</table>

续表

作业类别		可以使用的防护用品	建议使用的防护用品
序号	类别名称		
18	潜水作业	潜水服	
19	吸入性气相毒物作业	防毒面具 防化学品手套 化学品防护服	劳动护肤剂
20	密闭场所作业	防毒面具（供气或携气） 防化学品手套 化学品防护服	空气呼吸器 劳动护肤剂
21	吸入性气溶胶毒物作业	工作帽 防毒面具 防化学品手套 化学品防护服	防尘口罩（防颗粒物呼吸器） 劳动护肤剂
22	沾染性毒物作业	工作帽 防毒面具 防腐蚀液护目镜 防化学品手套 化学品防护服	防尘口罩（防颗粒物呼吸器） 劳动护肤剂
23	生物性毒物作业	工作帽 防尘口罩（防颗粒物呼吸器） 防腐蚀液护目镜 防微生物手套 化学品防护服	劳动护肤剂
24	噪声作业	耳塞	耳罩

续表

作业类别		可以使用的防护用品	建议使用的防护用品
序号	类别名称		
25	强光作业	防强光、紫外线、红外线护目镜或面罩 焊接面罩 焊接手套 焊接防护鞋 焊接防护服 白帆布类隔热服	
26	激光作业	防激光护目镜	防放射性服
27	荧光屏作业	防微波护目镜	防放射性服
28	微波作业	防微波护目镜 防放射性服	
29	射线作业	防放射性护目镜 防放射性手套 防放射性服	
30	腐蚀性作业	工作帽 防腐蚀液护目镜 耐酸碱手套 耐酸碱鞋 防酸（碱）服	防化学品鞋（靴）
31	易污作业	工作帽 防毒面具 防尘口罩（防颗粒物呼吸器） 耐酸碱手套 防静电鞋 一般防护服 化学品防护服	耐油手套 耐油鞋 防油服 劳动护肤剂 其他零星防护用品

续表

作业类别		可以使用的防护用品	建议使用的防护用品
序号	类别名称		
32	恶味作业	工作帽 防毒面具 一般防护服	空气呼吸器 其他零星防护用品
33	低温作业	防寒帽 防寒手套 防寒鞋 防寒服	耳罩 劳动护肤剂
34	人工搬运作业	安全帽 防机械伤害手套 安全网	防滑鞋
35	野外作业	防寒帽 太阳镜 防昆虫手套 防水胶靴 防寒鞋 防水服 防寒服	防冲击护目镜 防滑鞋 劳动护肤剂
36	涉水作业	防水护目镜 防水胶靴 防水服	
37	车辆驾驶作业	防冲击安全头盔 一般防护服	防冲击护目镜 防强光、紫外线、红外线护目镜或面罩 太阳镜 防机械伤害手套

续表

作业类别		可以使用的防护用品	建议使用的防护用品
序号	类别名称		
38	一般性作业		一般防护服 普通防护装备
39	其他作业		

16. 常用劳动防护用品的防护性能

常用劳动防护用品的防护性能见表 2—2。

表 2—2　　常用劳动防护用品及其防护性能

序号	劳动防护用品品类	防护性能说明
1	工作帽	防头部脏污、擦伤、长发被绞碾
2	安全帽	防御物体对头部造成冲击、刺穿、挤压等伤害
3	防寒帽	防御头部或面部冻伤
4	防冲击安全头盔	防止头部遭受猛烈撞击，供高速车辆驾驶者佩戴
5	防尘口罩（防颗粒物呼吸器）	用于空气中含氧 19.5%以上的粉尘作业环境，防止吸入一般性粉尘，防御颗粒物（如毒烟、毒雾）等危害呼吸系统或眼面部
6	防毒面具	使佩戴者呼吸器官与周围大气隔离，由肺部控制或借助机械力通过导气管引入清洁空气供人体呼吸
7	空气呼吸器	防止吸入对人体有害的毒气、烟雾、悬浮于空气中的有害污染物或在缺氧环境中使用

续表

序号	劳动防护用品品类	防护性能说明
8	自救器	体积小、携带轻便，供矿工个人短时间内使用。当煤矿井下发生事故时，矿工佩戴它可以通过充满有害气体的井巷，迅速离开灾区
9	防水护目镜	在水中使用，防御水对眼部的伤害
10	防冲击护目镜	防御铁屑、灰砂、碎石等物体飞溅对眼部产生的伤害
11	防微波护目镜	屏蔽或衰减微波辐射，防御对眼部的微波伤害
12	防放射性护目镜	防御X、γ射线、电子流等电离辐射物质对眼部的伤害
13	防强光、紫外线、红外线护目镜或面罩	防止可见光、红外线、紫外线中的一种或几种对眼面部的伤害
14	防激光护目镜	以反射、吸收、光化等作用衰减或消除激光对人眼的危害
15	焊接面罩	防御有害弧光、熔融金属飞溅或粉尘等有害因素对眼睛、面部（含颈部）的伤害
16	防腐蚀液护目镜	防御酸、碱等有腐蚀性化学液体飞溅对人眼产生的伤害
17	太阳镜	阻挡强烈的日光及紫外线，防止刺眼光线及炫目光线，提高视觉清晰度
18	耳塞	防护暴露在强噪声环境中工作人员的听力受到损伤
19	耳罩	适用于暴露在强噪声环境中的工作人员，保护听觉，避免噪声过度刺激，不适宜戴耳塞时使用

续表

序号	劳动防护用品品类	防护性能说明
20	防寒手套	防止手部冻伤
21	防化学品手套	具有防毒性能，防御有毒物质伤害手部
22	防微生物手套	防御微生物伤害手部
23	防静电手套	防止静电积聚引起的伤害
24	焊接手套	防御焊接作业的火花、熔融金属、高温金属、高温辐射对手部的伤害
25	防放射性手套	具有防放射性能，防御手部免受放射性伤害
26	耐酸碱手套	用于接触酸（碱）时戴用，也适用于农、林、牧、渔各行业一般操作时戴用
27	耐油手套	保护手部皮肤避免受油脂类物质的刺激
28	防昆虫手套	防止手部遭受昆虫叮咬
29	防振手套	具有衰减振动性能，保护手部免受振动伤害
30	防机械伤害手套	保护手部免受磨损、切割、刺穿等机械伤害
31	绝缘手套	使作业人员的手部与带电物体绝缘，免受电流伤害
32	防水胶靴	防水、防滑和耐磨，适合工矿企业职工穿用
33	防寒鞋	鞋体结构与材料都具有防寒保暖作用，防止脚部冻伤
34	隔热阻燃鞋	防御高温、熔融金属火花和明火等伤害
35	防静电鞋	鞋底采用静电材料，能及时消除人体静电积累
36	防化学品鞋（靴）	在有酸、碱及相关化学品作业中穿用，用各种材料或者复合型材料做成，保护脚或腿，防止化学飞溅所带来的伤害

续表

序号	劳动防护用品品类	防护性能说明
37	耐油鞋	防止油污污染，适合脚部接触油类的作业人员
38	防振鞋	衰减振动，防御振动伤害
39	防砸鞋（靴）	保护足趾免受冲击或挤压伤害
40	防滑鞋	防止滑倒，用于登高或在油渍、钢板、冰上等湿滑地面上行走
41	防刺穿鞋	矿上、消防、工厂、建筑、林业等部门使用，防足底刺伤
42	绝缘鞋	在电气设备上工作时作为辅助安全用具，防触电伤害
43	耐酸碱鞋	用于涉及酸、碱的作业，防止酸、碱对足部造成伤害
44	矿工靴	保护矿工在井下免受足部伤害
45	焊接防护鞋	防御焊接作业的火花、熔融金属、高温金属、高温辐射对足部的伤害
46	一般防护服	以织物为面料，采用缝制工艺制作的，起一般性防护作用
47	防尘服	透气（湿）性织物或材料制成的防止一般性粉尘对皮肤的伤害，能防止静电积聚
48	防水服	以防水橡胶涂覆织物为面料，防御水透过和漏入
49	水上作业服	防止落水沉溺，便于救助
50	潜水服	用于潜水作业
51	防寒服	具有保暖性能，用于冬季室外作业职工或常年低温环境作业职工的防寒

续表

序号	劳动防护用品品类	防护性能说明
52	化学品防护服	防止危险化学品的飞溅和与人体接触对人体造成的危害
53	阻燃防护服	用于作业人员从事有明火、散发火花、在熔融金属附近操作有辐射热和对流热的场合和在有易燃物质并有着火危险的场所穿用，在接触火焰及炽热物体后，一定时间内能阻止本身被点燃、有焰燃烧和阴燃
54	防静电服	能及时消除本身静电积聚危害，用于可能引发电击、火灾及爆炸危险场所穿用
55	焊接防护服	用于焊接作业，防止作业人员遭受熔融金属飞溅及其热伤害
56	白帆布类隔热服	防止一般性热辐射伤害
57	镀反射膜类隔热服	防止高热物质接触或强烈热辐射伤害
58	热防护服	防御高温、高热、高湿度
59	防放射性服	具有防放射性性能
60	防酸（碱）服	用于从事酸（碱）作业人员穿用，具有防酸（碱）性能
61	防油服	防御油污污染
62	救生衣（圈）	防止落水沉溺，便于救助
63	带电作业屏蔽服	在10千伏至500千伏电器设备上进行带电作业时，防护人体免受高压电场及电磁波的影响

续表

序号	劳动防护用品品类	防护性能说明
64	绝缘服	可防7千伏以下高电压，用于带电作业时的身体防护
65	防电弧服	碰到电弧爆炸或火焰的状况下，服装面料纤维会膨胀变厚，关闭布面的空隙，将人体与热隔绝，并增加能源防护屏障，以致将伤害程度减至最低
66	棉布工作服	有烧伤危险时穿用，防止烧伤伤害
67	安全带	用于高处作业、攀登及悬吊作业，保护对象为体重及负重之和不超过100千克的使用者。可减小从高处坠落时产生的冲击力，防止坠落者与地面或其他障碍物碰撞，有效控制整个坠落距离
68	安全网	用来防止人、物坠落，或用来避免、减轻坠落物及物体打击伤害
69	劳动护肤剂	涂抹在皮肤上，能阻隔有害因素
70	普通防护装备	普通防护服、普通工作帽、普通工作鞋、劳动防护手套、雨衣、普通胶靴
71	其他零星防护用品，如披肩帽、鞋罩、围裙、套袖等	防尘、阻燃、防酸、防碱等
72	多功能防护装备	同时具有多种防护功能的防护用品

17. 劳动防护用品的使用期限和报废

（1）使用期限

劳动防护用品的使用期限与作业场所环境、劳动防护用品使用频率、劳动防护用品自身性质等多方面因素有关。例如，某省根据作业环境，对厂矿企业安全帽的使用期限规定为：冶金轧钢厂中的板坯作业为36个月；冷水作业为48个月；煤炭作业、土建作业为24个月，地质勘探作业的安装工、钻探工、采样工为12个月等。一般来说，使用期限应考虑以下3个原则：

1）腐蚀程度。根据不同作业对劳动防护用品的磨损程度，可将作业划分为重腐蚀作业、中腐蚀作业和轻腐蚀作业。腐蚀程度反映作业环境和工种使用状况。

2）损耗情况。劳动防护用品防护功能降低的程度可分为易受损耗、中等受损耗和强制性报废。受损耗情况反映防护用品防护性能情况。

3）耐用性能。根据使用周期，耐用性能可分为耐用、中等耐用和不耐用。耐用性能反映劳动防护用品材质状况和综合质量，例如，用耐高温阻燃纤维织物制成的阻燃防护服，要比用阻燃剂处理的阻燃织物制成的阻燃防护服耐用。

劳动防护用品的使用期限见表2—3。

（2）报废条件

当符合下述条件之一时，劳动防护用品应予以报废，不得继续作为个人防护用品使用：

1）所选用的个体防护装备技术指标不符合国家相关标准或行

表2—3　劳动防护用品使用期限

作业类别	典型工种	一般个体防护装备								特种个体防护装备																								其他
		普通防护服	普通工作帽	普通工作鞋	劳动防护手套	防寒服	雨衣	胶靴	耳塞（耳罩）	安全鞋	防刺穿鞋	电绝缘鞋	防静电鞋	耐酸碱皮鞋	耐酸碱胶鞋	胶面防砸安全靴	防静电工作服	防酸工作服	阻燃防护服	绝缘服	防电弧服	带电作业屏蔽服	安全带	平网	密目式安全立网	安全帽	焊接面罩	防冲击护目镜	防尘口罩	过滤式防毒面具	空气呼吸器	自救器	太阳镜	
存在物体坠落撞击的作业	砌筑工	18	24		n	36	36			12	12					18										18			n					
有碎屑飞溅的作业	钳工	24	24		n	48				12	12															n		n						
	木工	18	18		n	36	n			12	12					n										18		n	n					
操作转动机械作业	挡车工	24	12	18					n																			n						
	车工	24	24							12	12																	n						
	绕线工	18	18		n					12	12																	n						
	中小型机械操作工	18	18		n	36	36			12						36												n						
	石棉纺织工	30	24	n	n	n		36																				n	n					

续表

作业类别	典型工种	一般个体防护装备								特种个体防护装备																								其他
		普通防护服	普通工作帽	普通工作鞋	劳动防护手套	防寒服	雨衣	胶靴	耳塞（耳罩）	安全鞋	防刺穿鞋	电绝缘鞋	防静电鞋	耐酸碱皮鞋	耐酸碱胶鞋	胶面防砸安全靴	防静电工作服	防酸工作服	阻燃防护服	绝缘服	防电弧服	带电作业屏蔽服	安全带	平网	密目式安全立网	安全帽	焊接面罩	防冲击护目镜	防尘口罩	过滤式防毒面具	空气呼吸器	自救器	太阳镜	
接触使用锋利器具作业	玻璃切裁工	18	18			36				12	12																	n	n					防机械伤害手套n
	带锯工	18	18			48	3			12	12					n												n	n					防机械伤害手套n
	皮鞋划裁工	24	24	n	n																													
地面存在尖利器物的作业	拉丝工	18	18		n	48				12	12															24		n						

续表

作业类别	典型工种	一般个体防护装备								特种个体防护装备																								其他
		普通防护服	普通工作帽	普通工作鞋	劳动防护手套	防寒服	雨衣	胶靴	耳塞(耳罩)	安全鞋	防刺穿鞋	电绝缘鞋	防静电鞋	耐酸碱皮鞋	耐酸碱胶鞋	胶面防砸安全靴	防静电工作服	防酸工作服	阻燃防护服	绝缘服	防电弧服	带电作业屏蔽服	安全带	平网	密目式安全立网	安全帽	焊接面罩	防冲击护目镜	防尘口罩	过滤式防毒面具	空气呼吸器	自救器	太阳镜	
手持振动机械作业	开挖钻工	18	18		n	36	36		n	12	12					24							n			18		n	n					
人承受全身振动的作业	农艺工	30	30	24		48	n	36																										
铲、装、吊、推机械操作工	安装起重工	18	18		n	36	36			12	12					n							n			24								
低压带电作业	电工	18	18			36	36			12		12				24				n			n			n		n						绝缘手套 n
	电焊工				n	36				12	12								12	n						n	n				n			

续表

作业类别	典型工种	一般个体防护装备								特种个体防护装备																								其他
		普通防护服	普通工作帽	普通工作鞋	劳动防护手套	防寒服	雨衣	胶靴	耳塞（耳罩）	安全鞋	防刺穿鞋	电绝缘鞋	防静电鞋	耐酸碱皮鞋	耐酸碱胶鞋	胶面防砸安全靴	防静电工作服	防酸工作服	阻燃防护服	绝缘服	防电弧服	带电作业屏蔽服	安全带	平网	密目式安全立网	安全帽	焊接面罩	防冲击护目镜	防尘口罩	过滤式防毒面具	空气呼吸器	自救器	太阳镜	
高压带电作业	电系操作工	18	18			36	36			12		12				24				n	n	n												绝缘手套 n
高温作业	铸造工					36				12	12								12							24		n	n					防强光、紫外线、红外线护目镜或面罩 n 防热阻燃鞋 12

续表

作业类别	典型工种	一般个体防护装备								特种个体防护装备																								其他
		普通防护服	普通工作帽	普通工作鞋	劳动防护手套	防寒服	雨衣	胶靴	耳塞（耳罩）	安全鞋	防刺穿鞋	电绝缘鞋	防静电鞋	耐酸碱皮鞋	耐酸碱胶鞋	胶面防砸安全靴	防静电工作服	防酸工作服	阻燃防护服	绝缘服	防电弧服	带电作业屏蔽服	安全带	平网	密目式安全立网	安全帽	焊接面罩	防冲击护目镜	防尘口罩	过滤式防毒面具	空气呼吸器	自救器	太阳镜	
高温作业	热力运行工									12									12															防热阻燃鞋12
	炉前工					48				12	12								12							24			*n*					
	砖瓦成型工	18	18		*n*	*n*	*n*			12						12													*n*					
易燃易爆场所作业	加油站操作工				*n*	48	48			18			18			36	18																	耐油鞋18 耐油靴36
	液化石油气罐装工				*n*	*n*				12			12				12																	

续表

作业类别	典型工种	一般个体防护装备								特种个体防护装备																								其他
		普通防护服	普通工作帽	普通工作鞋	劳动防护手套	防寒服	雨衣	胶靴	耳塞（耳罩）	安全鞋	防刺穿鞋	电绝缘鞋	防静电鞋	耐酸碱皮鞋	耐酸碱胶鞋	胶面防砸安全靴	防静电工作服	防酸工作服	阻燃防护服	绝缘服	防电弧服	带电作业屏蔽服	安全带	平网	密目式安全立网	安全帽	焊接面罩	防冲击护目镜	防尘口罩	过滤式防毒面具	空气呼吸器	自救器	太阳镜	
可燃性粉尘作业场所	采煤工		n		n		36	36								6	12									n		n	n					
高处作业	机舱拆卸工	18	18		n	48	36			12	12					30							n			18		n	n					
	安装起重工	18	18		n	36	36			12	12					n							n			24								
	电工	18	18			36	36			12		12				24							n			n		n						绝缘手套 n
	灯塔工	18	18		n	36	36			18						n												n						

续表

作业类别	典型工种	一般个体防护装备								特种个体防护装备																								其他
		普通防护服	普通工作帽	普通工作鞋	劳动防护手套	防寒服	雨衣	胶靴	耳塞（耳罩）	安全鞋	防刺穿鞋	电绝缘鞋	防静电鞋	耐酸碱皮鞋	耐酸碱胶鞋	胶面防砸安全靴	防静电工作服	防酸工作服	阻燃防护服	绝缘服	防电弧服	带电作业屏蔽服	安全带	平网	密目式安全立网	安全帽	焊接面罩	防冲击护目镜	防尘口罩	过滤式防毒面具	空气呼吸器	自救器	太阳镜	
井下作业	采煤工		n		n		36	36								6	12									n		n	n			n		
地下作业	隧道工	18	18		n	36	36		n	12						n										24		n	n			n		
水上作业	船舶水手	18	18		n	36	36			18						36																		
潜水作业	海难救生员																																	潜水服 n
吸入性气相毒物作业	机械煤气发生炉工		18		n	36	36			12									12							n				n				
	釉料工	24	24	n	n																													
	化工操作工					48	48			18				18	48	48	18	18								30		n	n	n				耐酸碱手套 n

续表

作业类别	典型工种	一般个体防护装备								特种个体防护装备																								其他
		普通防护服	普通工作帽	普通工作鞋	劳动防护手套	防寒服	雨衣	胶靴	耳塞（耳罩）	安全鞋	防刺穿鞋	电绝缘鞋	防静电鞋	耐酸碱皮鞋	耐酸碱胶鞋	胶面防砸安全靴	防静电工作服	防酸工作服	阻燃防护服	绝缘服	防电弧服	带电作业屏蔽服	安全带	平网	密目式安全立网	安全帽	焊接面罩	防冲击护目镜	防尘口罩	过滤式防毒面具	空气呼吸器	自救器	太阳镜	
密闭场所作业	下水道工	18	18	18		36	36	24	n																	24		n		n	n			
吸入性气溶胶毒物作业	喷砂工	18	18		n	36	n			12	12					n										n		n	n					
	制铅粉工		18			36				12				12				12								n			n	n				
	研磨工	24	24		n	n				18																		n	n					
	钨铜粉末制造工	n	n		n	n				12																		n	n					
沾染性毒物作业	电镀工					36				12				12	36	36		12												n				防酸碱手套 n 防腐蚀液护目镜 n

续表

作业类别	典型工种	一般个体防护装备								特种个体防护装备																								其他
		普通防护服	普通工作帽	普通工作鞋	劳动防护手套	防寒服	雨衣	胶靴	耳塞（耳罩）	安全鞋	防刺穿鞋	电绝缘鞋	防静电鞋	耐酸碱皮鞋	耐酸碱胶鞋	胶面防砸安全靴	防静电工作服	防酸工作服	阻燃防护服	绝缘服	防电弧服	带电作业屏蔽服	安全带	平网	密目式安全立网	安全帽	焊接面罩	防冲击护目镜	防尘口罩	过滤式防毒面具	空气呼吸器	自救器	太阳镜	
沾染性毒物作业	油漆工		18		n	36				12			12				12													n				防腐蚀液护目镜 n
	合成药化学操作工		18		n	18				18			18			24	12												n					防腐蚀液护目镜 n
生物性毒物作业	尸体防腐工	24	n	n	n	48	48	36																						n				
噪声作业	泵站操作工	24	24			36	36			12						18																		

续表

作业类别	典型工种	一般个体防护装备								特种个体防护装备																								其他
		普通防护服	普通工作帽	普通工作鞋	劳动防护手套	防寒服	雨衣	胶靴	耳塞（耳罩）	安全鞋	防刺穿鞋	电绝缘鞋	防静电鞋	耐酸碱皮鞋	耐酸碱胶鞋	胶面防砸安全靴	防静电工作服	防酸工作服	阻燃防护服	绝缘服	防电弧服	带电作业屏蔽服	安全带	平网	密目式安全立网	安全帽	焊接面罩	防冲击护目镜	防尘口罩	过滤式防毒面具	空气呼吸器	自救器	太阳镜	
强光作业	电焊工				*n*	36				12	12								12							*n*	*n*			*n*				
	炉前工					48				12	12								12							24			*n*					
激光作业	电视机调试工	24																																防激光护目镜 *n*
荧光屏作业	计算机调试工		24										18				18																	
微波作业	超声探伤工					36	36		*n*	12	12					48													*n*					防放射性服 *n* 防水手套 *n*

续表

作业类别	典型工种	一般个体防护装备								特种个体防护装备																								其他
		普通防护服	普通工作帽	普通工作鞋	劳动防护手套	防寒服	雨衣	胶靴	耳塞（耳罩）	安全鞋	防刺穿鞋	电绝缘鞋	防静电鞋	耐酸碱皮鞋	耐酸碱胶鞋	胶面防砸安全靴	防静电工作服	防酸工作服	阻燃防护服	绝缘服	防电弧服	带电作业屏蔽服	安全带	平网	密目式安全立网	安全帽	焊接面罩	防冲击护目镜	防尘口罩	过滤式防毒面具	空气呼吸器	自救器	太阳镜	
微波作业	无线电导航发射工	24	24	24																														防微波护目镜 n 带电作业屏蔽服 n
射线作业	CT组装调试工		18		n					18			18				12																	
腐蚀性作业	水产品干燥工	24	24	24	n	36	36	36																										

续表

作业类别	典型工种	一般个体防护装备								特种个体防护装备																								其他
		普通防护服	普通工作帽	普通工作鞋	劳动防护手套	防寒服	雨衣	胶靴	耳塞（耳罩）	安全鞋	防刺穿鞋	电绝缘鞋	防静电鞋	耐酸碱皮鞋	耐酸碱胶鞋	胶面防砸安全靴	防静电工作服	防酸工作服	阻燃防护服	绝缘服	防电弧服	带电作业屏蔽服	安全带	平网	密目式安全立网	安全帽	焊接面罩	防冲击护目镜	防尘口罩	过滤式防毒面具	空气呼吸器	自救器	太阳镜	
腐蚀性作业	酸洗工					48				12				12	n	n		12								24				n				防腐蚀液护目镜 n 防酸碱手套 n
	电解工					n				12				12				18											n					防腐蚀液护目镜 n 防酸碱手套 n

续表

作业类别	典型工种	一般个体防护装备								特种个体防护装备																								其他
		普通防护服	普通工作帽	普通工作鞋	劳动防护手套	防寒服	雨衣	胶靴	耳塞(耳罩)	安全鞋	防刺穿鞋	电绝缘鞋	防静电鞋	耐酸碱皮鞋	耐酸碱胶鞋	胶面防砸安全靴	防静电工作服	防酸工作服	阻燃防护服	绝缘服	防电弧服	带电作业屏蔽服	安全带	平网	密目式安全立网	安全帽	焊接面罩	防冲击护目镜	防尘口罩	过滤式防毒面具	空气呼吸器	自救器	太阳镜	
	道路清扫工	24	24	18	n	36	36	48																					n					
	成衫染色工		12		n	n								6	6			18																
易污作业	油墨颜料制作工		18							12																								耐油手套 n 防油鞋12 防油服12

续表

作业类别	典型工种	一般个体防护装备								特种个体防护装备																										其他
		普通防护服	普通工作帽	普通工作鞋	劳动防护手套	防寒服	雨衣	胶靴	耳塞（耳罩）	安全鞋	防刺穿鞋	电绝缘鞋	防静电鞋	耐酸碱皮鞋	耐酸碱胶鞋	胶面防砸安全靴	防静电工作服	防酸工作服	阻燃防护服	绝缘服	防电弧服	带电作业屏蔽服	安全带	平网	密目式安全立网	安全帽	焊接面罩	防冲击护目镜	防尘口罩	过滤式防毒面具	空气呼吸器	自救器	太阳镜	
恶味作业	沥青加工工	18	18			36	36			12						18										24		*n*		*n*	*n*			防水手套 *n*
	炼胶工	18	18		*n*	48				12						30													*n*					
低温作业	冷藏工	24	24		*n*	36				18	18					24																		
人工搬运作业	商品送货员	24	24		*n*	48	36			18	18					30																		
	仓库保管工		24		*n*					18							18																	
野外作业	矿山地质工	36	*n*	*n*		*n*	*n*	*n*																				*n*					*n*	

续表

作业类别	典型工种	一般个体防护装备								特种个体防护装备																								其他
		普通防护服	普通工作帽	普通工作鞋	劳动防护手套	防寒服	雨衣	胶靴	耳塞（耳罩）	安全鞋	防刺穿鞋	电绝缘鞋	防静电鞋	耐酸碱皮鞋	耐酸碱胶鞋	胶面防砸安全靴	防静电工作服	防酸工作服	阻燃防护服	绝缘服	防电弧服	带电作业屏蔽服	安全带	平网	密目式安全立网	安全帽	焊接面罩	防冲击护目镜	防尘口罩	过滤式防毒面具	空气呼吸器	自救器	太阳镜	
涉水作业	水产养殖工	24	n	n	n	n	36	36																										
车辆驾驶作业	机车司机	18	18	24	n	48	48																					n					n	
	汽车驾驶员	18	18	n	48	n	n																										n	

注：表中提供的具体时间是最低要求，单位为月，其中 n 代表使用年限，可以由企业在产品说明书标注的使用年限内决定。企业可根据实际情况，参照《个人防护装备选用规范》（GB/T 11651—2008）进行判废。企业可根据防护用品的使用条件、选择产品的耐用性、使用强度，结合自身的经济条件，建立企业内部的更换、报废条件或期限，但不能超过产品说明书标注的使用年限。

业标准。

2）所选用的个体防护装备与所从事的作业类型不匹配。

3）个体防护装备产品标识不符合产品要求或国家法律、法规的要求。

4）个体防护装备在使用或保管储存期内遭到破损或超过有效使用期。

5）所选用的个体防护装备经定期检验和抽查为不合格。

6）当发生使用说明中规定的其他报废条件时。

（3）判废程序

根据《个体防护装备选用规范》（GB/T 11651—2008），个体防护装备判废程序如图 2—2 所示。

18. 生产劳动防护用品的企业应当具备的条件和职责

（1）应当具备的条件

生产劳动防护用品的企业应当具备下列条件：

1）有工商行政管理部门核发的营业执照。

2）有满足生产需要的生产场所和技术人员。

3）有保证产品安全防护性能的生产设备。

4）有满足产品安全防护性能要求的检验与测试手段。

5）有完善的质量保证体系。

6）有产品标准和相关技术文件。

7）产品符合国家标准或者行业标准的要求。

8）法律、法规规定的其他条件。

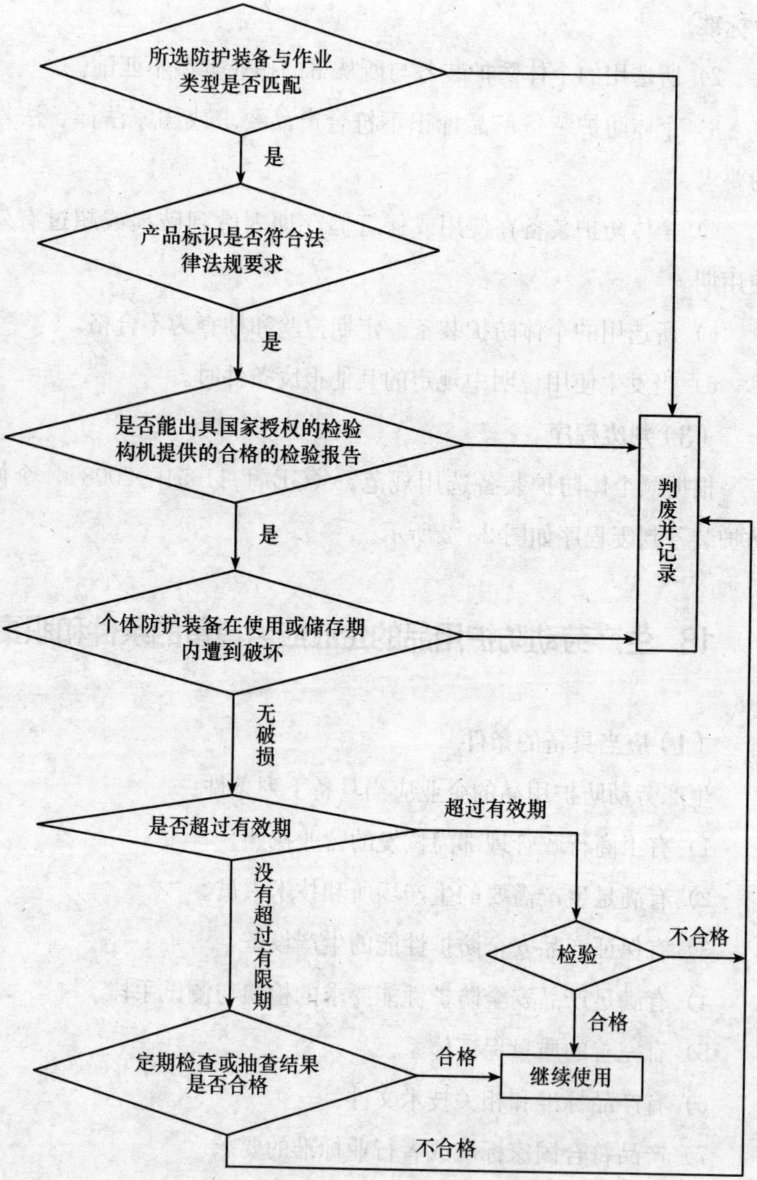

所选防护装备与作业类型是否匹配

是

产品标识是否符合法律法规要求

是

是否能出具国家授权的检验构机提供的合格的检验报告

是

个体防护装备在使用或储存期内遭到破坏

无破损

是否超过有效期

超过有效期

检验

不合格

合格

没有超过有限期

定期检查或抽查结果是否合格

合格

继续使用

不合格

判废并记录

图 2—2　个体防护装备判废程序

（2）法律责任

生产劳动防护用品的企业应当按其产品所依据的国家标准或者行业标准进行生产和自检，出具产品合格证，并对产品的安全防护性能负责。

新研制和开发的劳动防护用品，应当对其安全防护性能进行严格的科学试验，并经具有安全生产检测检验资质的机构（以下简称“检测检验机构”）检测检验合格后，方可生产、使用。

19. 劳动防护用品的配备、采购、发放、培训及使用

（1）配备标准

1）用人单位应当根据劳动者工作场所中存在的危险、有害因素种类及危害程度、劳动环境条件、劳动防护用品有效使用时间制定适合本单位的劳动防护用品配备标准，见表 2—4。

表 2—4　　用人单位劳动防护用品配备标准

岗位/工种	作业者数量	危险、有害因素类别	危险、有害因素浓度/强度	配备的防护用品种类	防护用品型号/级别	防护用品发放周期	呼吸器过滤元件更换周期

2）用人单位应当根据劳动防护用品配备标准制订采购计划，购买符合标准的合格产品。

3）用人单位应当按照本单位制定的配备标准发放劳动防护用品，并进行登记，见表 2—5。

表 2—5　劳动防护用品发放登记表

单位/车间：

序号	岗位/工种	员工姓名	防护用品名称	型号	数量	领用人签字	备注

发放人：　　　　　　　　　　日期：　年　月　日

（2）采购、发放及培训

1）用人单位应当查验并保存劳动防护用品检验报告等质量证明文件的原件或复印件。

2）用人单位应当确保已采购劳动防护用品的存储条件，并保证其在有效期内。

3）用人单位应当对劳动者进行劳动防护用品的使用、维护等专业知识的培训。

4）用人单位应当督促劳动者在使用劳动防护用品前，对劳动防护用品进行检查，确保外观完好、部件齐全、功能正常。

5）用人单位应当定期对劳动防护用品的使用情况进行检查，确保劳动者正确使用。

20. 劳动防护用品的维护、更换

（1）维护

1）劳动防护用品应当按照要求妥善保存，及时更换。公用的劳动防护用品应当由车间或班组统一保管，定期维护。

2）用人单位应当对应急劳动防护用品进行经常性的维护、检修，定期检测劳动防护用品的性能和效果，保证其完好有效。

（2）更换

1）用人单位应当按照劳动防护用品发放周期定期发放，对工作过程中损坏的，用人单位应及时更换。

2）安全帽、呼吸器、绝缘手套等安全性能要求高、易损耗的劳动防护用品，应当按照有效防护功能最低指标和有效使用期，到期强制报废。

21. 对劳动防护用品违法违规行为的处罚

（1）未按规定为从业人员提供符合标准的劳动防护用品

《安全生产法》第四十二条规定：生产经营单位必须为从业人员提供符合国家标准或者行业标准的劳动防护用品，并监督、教育从业人员按照使用规则佩戴、使用。

第九十六条规定：生产经营单位未为从业人员提供符合国家标准或者行业标准的劳动防护用品的，责令限期改正，可以处 5 万元以下的罚款；逾期未改正的，处 5 万元以上 20 万元以下的罚款，对其直接负责的主管人员和其他直接责任人员处 1 万元以上 2 万元以下的罚款；情节严重的，责令停产停业整顿；构成犯罪的，依照刑法有关规定追究刑事责任。

根据 2010 年 8 月 16 日国家安全生产监督管理总局印发的《安全生产行政处罚自由裁量标准》（安监总政法〔2010〕137 号），对违反《安全生产法》以上行为的，责令限期改正；逾期未改正的，责令停止建设或者停产停业整顿，可以按以下标准并处罚款：

1）有 1 名从业人员未配备符合标准的劳动防护用品的，处 5 000 元以下的罚款。

2）有 2 名以上 5 名以下从业人员未配备符合标准的劳动防护用品的，处 5 000 元以上 2 万元以下的罚款。

3）有 5 名以上 10 名以下从业人员未配备符合标准的劳动防护用品的，处 2 万元以上 3 万元以下的罚款。

4）有 10 名以上从业人员未配备符合标准的劳动防护用品的，处 3 万元以上 5 万元以下的罚款。

（2）未按规定提供职业病防护用品或使用不合格职业病防护用品

《职业病防治法》第二十二条规定：用人单位必须采用有效的职业病防护设施，并为劳动者提供个人使用的职业病防护用品。用人单位为劳动者个人提供的职业病防护用品必须符合防治职业病的要求；不符合要求的，不得使用。

第二十五条规定：对可能发生急性职业损伤的有毒、有害工作场所，用人单位应当设置报警装置，配置现场急救用品、冲洗设备、应急撤离通道和必要的泄险区。对放射工作场所和放射性同位素的运输、储存，用人单位必须配置防护设备和报警装置，保证接触放射线的工作人员佩戴个人剂量计。对职业病防护设备、应急救援设施和个人使用的职业病防护用品，用人单位应当进行经常性的维护、检修，定期检测其性能和效果，确保其处于正常状态，不得擅自拆除或者停止使用。

第三十四条规定：用人单位的主要负责人和职业卫生管理人员应当接受职业卫生培训，遵守职业病防治法律、法规，依法组织本单位的职业病防治工作。用人单位应当对劳动者进行上岗前的职业卫生培训和在岗期间的定期职业卫生培训，普及职业卫生知识，督促劳动者遵守职业病防治法律、法规、规章和操作规程，指导劳动者正确使用职业病防护设备和个人使用的职业病防护用品。劳动者应当学习和掌握相关的职业卫生知识，增强职业病防范意识，遵守职业病防治法律、法规、规章和操作规程，正确使用、维护职业病防护设备和个人使用的职业病防护用品，发现职业病危害事故隐患应当及时报告。劳动者不履行前款规定义务的，用人单位应当对其进行教育。

第七十二条规定：用人单位违反本法规定，未提供职业病防护设施和个人使用的职业病防护用品，或者提供的职业病防护设施和个人使用的职业病防护用品不符合国家职业卫生标准和卫生要求的，对职业病防护设备、应急救援设施和个人使用的职业病防护用品未按照规定进行维护、检修、检测，或者不能保持正常运行、使用状态的，由安全生产监督管理部门给予警告，责令限期改正，逾期不改正的，处 5 万元以上 20 万元以下的罚款；情节严重的，责令停止产生职业病危害的作业，或者提请有关人民政府按照国务院规定的权限责令关闭。

（3）危险化学品企业劳动防护用品违法违规行为

《危险化学品安全管理条例》第八十六条规定：运输危险化学品，未根据危险化学品的危险特性采取相应的安全防护措施，或者未配备必要的防护用品和应急救援器材的，由交通部门责令改正，处 5 万元以上 10 万元以下的罚款；拒不改正的，责令停产停业整顿；构成犯罪的，依法追究刑事责任。

第三章

常见个体劳动防护用品

22. 工作帽及其正确使用

工作帽是用于防止头部脏污、擦伤，发辫受运转机器绞碾的软质帽，也称为护发帽。工作帽主要是对头部进行保护，防止一般性物理因素伤害或其他事故，起一定程度的安全防护作用。

工作帽对头发主要起两种防护作用：一是可以保护头发不受灰尘、油烟和其他环境因素的污染；二是可以避免头发被卷入转动着的传动带或滚轴里等。在有传动链、传动带或滚轴等的机器旁工作时，头发长的女工尤其要注意佩戴工作帽。另外，工作帽还可以起到防止异物进入颈部的作用。例如，炼钢工人和铸造工人佩戴的工作帽，帽体上有一个长的披肩，不但能够对头发起到防护作用，而且可以防止钢花飞溅时落入颈部，使工人免遭烫伤。

工作帽一般要求帽体美观大方，佩戴舒适，凉爽轻巧。在不需要防尘的情况下，工作帽也可以用带孔的编织品制作，通风效果更好。长舌工作帽可以遮光，也可以起安全示警作用。在帽体上设一个较长的帽舌，可以阻挡阳光对眼睛的直射，帽舌的另一个作用是在工人精力不集中、头部有与机器等相碰的危险时，帽舌可先于人的头部碰到运动中的物体，使人警觉起来。

工作帽一般用经久耐用的纤维织物制作，样式不宜过于复杂，要容易洗涤熨烫。工作帽的大小最好可以调节，以适合各种头型的人戴用。

选用工作帽时，要根据自己的工作性质和实际需要进行选择。使用时一定要持之以恒，帽体一定要戴正，要把头发全部罩在帽中，以免头发露在外面而降低防护作用。

23. 眼面部危险因素及其分类

对眼面部造成损伤的危险因素主要包括机械性、化学性和光学性伤害 3 类。

机械性伤害包括工作过程中的粉尘等固体颗粒物黏附在眼球表面造成的角膜磨损、溃疡及感染；高速固体异物击中眼面部造成的机械性损伤，包括眼球破裂或穿透性损伤、面部皮肤破裂或骨折等。一般情况下，在抛光、打磨、切削、鼓风、压榨、粉碎等工作场所，机械性伤害发生的可能性较大。

化学性伤害是指生产场所中存在的化学物质对眼面部造成的刺激和腐蚀。存储和使用化学品的各种场所，如化学实验室、电镀工业场所、化学品存储场所及运输过程中，都有可能发生化学品泄漏，进而造成化学性眼面部伤害。工业生产中化学性眼面部伤害较多，而由于碱的穿透性更强，其所引起的烧伤也更为严重。

光学性伤害是指高剂量的可见和不可见光对人体造成的损伤。工业生产过程中使用激光的场所，电气焊接、氧切割、炉窑、玻璃加工、热轧和铸造等场所，都存在着大量的强光，包括可见光、紫外线和红外线。高强度的光辐射会造成结膜炎、白内障等病变，严重的会造成永久失明。

除上述主要危险因素外，放射性物质、微波辐射、工作场所的生物等也有可能对眼面部造成伤害。放射性物质和高强度的微波会造成玻璃体混浊以及白内障等眼科疾病。因此，正确使用适用的眼部劳动防护用品，是防止眼面部伤害的重要防护手段之一。

24. 防冲击眼护具及其正确选用

防冲击眼护具与一般的眼镜有所不同，其具有特殊的材料要求。例如：应具有适当的强度和弹性；不能用对皮肤有害的材料制作；不能用硝酸纤维类的易燃材料制作；镜片应由塑胶片、黏合片或经强化处理的玻璃片制成，普通玻璃片只有紧靠在这些镜片的背面时才可使用。

防冲击眼护具还具有特殊的结构要求。例如：表面应光滑、无毛刺、无锐角，不能有引起眼部或面部不舒适感的其他缺陷；可调部件或结构零件应易于调节和更换；透气性良好；眼罩头带所用材料质地柔软、经久耐用；防护眼镜的防护范围必须包括正面和侧面。

防冲击眼护具对视野有严格的要求：最小上侧视野为 80°；对于两个镜片组成的眼护具，最小下方视野为 60°；对单片镜片组成的眼护具，最小下方视野为 67°。

（1）防冲击眼护具主要技术性能要求

1）抗高强度冲击性能。用于抗高强度冲击的眼镜，应满足其强度要求。

2）耐热性。镜片放在 67℃的水中，保温 3 分钟后取出，再放

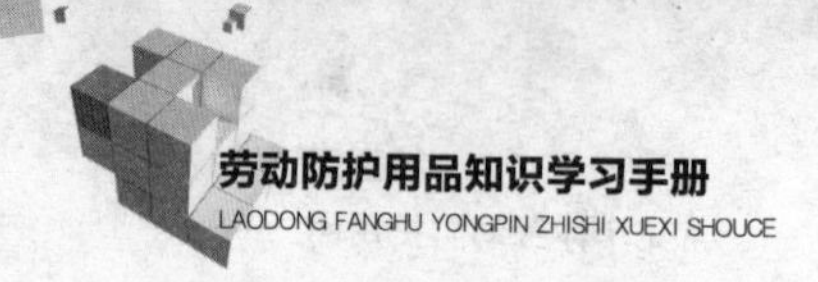

入 4℃以下的水中，不应出现异常现象。

3）耐腐蚀性。清除金属部件表面油垢后，将其放入沸腾的浓度为 10%（质量比）的盐水中，浸泡 15 分钟，取出后放入室温下干燥 24 小时，再用温水洗净，待其干燥，表面无腐蚀现象为合格。

4）镜片的外观质量。将镜片置于背景板上，用 60 瓦白炽灯照明目测，表面光滑，无划痕、波纹、气泡、杂质等明显缺陷。

（2）防冲击眼护具产品

1）有机玻璃眼镜（面罩）。透明度良好，质地坚韧有弹性，能耐低温，质量轻，耐冲击强度比普通玻璃高 10 倍。缺点是不耐高温，耐磨性差。该类产品主要适用于金属切削加工、金属磨光、锻压工件、粉碎金属或石块等作业场所。

2）钢化玻璃眼镜。普通玻璃经加热到 800～900℃以后，再进行急冷却处理，使其内部发生结构应力改变，提高抗冲击强度后制成的眼镜。钢化玻璃镜片能承受较大的冲击力，即使破裂，只产生圆粒状的碎粒。

3）钢双纱外网防护眼镜。镜架用圆形金属制成，镜框分内外两层，内层配装圆形平光玻璃镜片，安装镜脚。外层配装钢丝经纬网纱，上缘与内层框架上缘以可控扣件连接，下缘设钩卡，镜架两侧外缘至佩戴者太阳穴处，与镜架连接。

25. 焊接防护面罩、护目镜及其正确选用

（1）焊接防护面罩类型

焊接防护面罩要求不但能有效防止各种有害光线对眼睛的照

射，还要防止焊接过程中产生的飞屑等造成的眼部冲击伤害。焊接防护面罩的主要类型如下：

1）手持式焊接面罩。这类产品由面罩、观察窗、滤光片、手柄等部分组成。面罩部分用化学钢纸或塑料注塑成型。这类产品多用于一般短暂电焊、气焊等作业场所。

2）头戴式电焊面罩。该类产品由面罩、观察窗、滤光片和头带等部分组成。按材料不同，又分为头戴式钢纸电焊面罩和头戴式全塑电焊面罩。头戴式面罩与手持式面罩结构基本相同。头带由头围带和弓状带组成，面罩与头带用螺栓连接，可以上下翻动。不用时可以将面罩向上掀至额部，用时则向下遮住眼睛和面部。这类产品适用于电焊、气焊操作时间较长的岗位。

3）安全帽式电焊面罩。这种产品将电焊面罩与安全帽用螺栓连接在一起，可以灵活地上下翻动，适用于电焊，既能防护电焊弧光的伤害，又能防止作业环境坠落物体打击头部。

（2）焊接防护面罩主要技术性能要求

在使用过程中要经常检查面罩，看是否出现材料老化、变质、针孔、裂纹等现象以及其他机械损伤，如发现上述情况，应立即停止使用。在用的焊接防护面罩应具有以下技术性能要求：

1）焊接眼护具材料。焊接眼护具的各部分材料应具有一定的强度、弹性和刚性，不能用有害于皮肤或易燃的材料制作，面罩头带使用的材料应质地柔软、经久耐用。

2）焊接面罩材料。必须使用耐高温、耐腐蚀、耐潮湿、阻燃并具有一定强度和不透光的非导电材料制作。

3）焊接面罩及眼护具结构要求。铆钉及其他部件要牢固，没有松动现象；金属部件不能与面部接触，掀起部件必须灵活可靠；

表面光滑，无毛刺，无锐角或可能引起眼、面部不适感的其他缺陷；可调部件应灵活可靠，结构零件易于更换；应具有良好的透气性。

4）面罩质量及规格。面罩的质量除去镜片、安全帽等附件后，不得大于500克。各类焊接面罩的长度、宽度、深度、观察窗合乎要求。

5）焊接面罩的滤光片、保护片性能要求。表面质量及内在疵病、保护片可见光透射比、滤光片颜色、滤光片透射比、屈光度偏差、平行度和强度等与焊接防护眼镜要求一致。

6）面罩材料阻燃性能。面罩材料燃烧速度必须小于76毫米/分钟，塑料要求离开火源5秒之内能自行熄灭。

（3）护目镜

在工业生产中，铸造、机械加工、建筑、采石等行业是发生眼部冲击伤害的主要行业，因此要正确使用护目镜。常见的护目镜有以下几种：

1）普通式焊接眼镜。这种焊接眼镜可防弧光，式样与普通眼镜相同。

2）翻转式焊接眼镜。这种焊接眼镜可将焊接滤光镜片翻转，便于观察焊接部位，同时在眼罩上设有透气孔，可以起到通风散热的作用。

3）折叠式焊接眼镜。其特点是左右眼罩之间以轴链相接，可以折叠，携带方便。

4）开放式焊接眼罩。其特点是滤光片可以根据需要更换不同的遮光镜片，更换时只需将滤光片从框架的插槽中向一侧推出，然后插上需要的镜片，非常方便。

5）单镜片气焊眼罩。其特点是结构简单，间接通风。

26. 防辐射热面罩及其分类

高温、热辐射作业生产场所的环境特点是气温高、热辐射强度大，而相对湿度较低，环境干热，如冶金工业的炼焦、炼铁、轧钢等车间，机械制造工业的铸造、锻造、热处理等车间，搪瓷、玻璃、砖瓦等工业的窑炉车间，火力发电厂和锅炉房等。防热辐射面罩产品主要有以下 3 类：

（1）头戴炉窑热辐射面罩

面罩为有机玻璃制成，头带可用红钢纸板或塑料制作。

（2）全帽连接式面罩

面罩由有机玻璃面罩与安全帽前部用螺栓连接而成，可以上下掀动。不仅防热辐射，还可防异物冲击和头部伤害。

（3）头罩式防热面罩

该类面罩由面罩、头罩和披肩构成，分为全封闭式和半封闭式。头罩式面罩的头罩和披肩应用阻燃面料制作，在有热辐射的环境，应选白色或喷涂金属的材料制成，其反射热辐射性能较好。面罩若全由有机玻璃制成，表面镀金属或贴金属薄膜，屏蔽效果可达到 98%，反射热辐射和隔热的效果更好。观察窗的滤光片可用镀金属膜无机玻璃或镀膜有机玻璃制作，若采用有机玻璃为基片，还可在有机玻璃片外再覆一层普通无机玻璃为保护片，以提高耐高温性能和抗摩擦性。头罩式防热辐射面罩多用于有热辐射、红外线辐射、火花飞溅的作业场所。

27. 呼吸防护用品及其分类

（1）对可吸入物质的防护

在一些工业环境中，空气中往往存在着可吸入的有毒有害物质。呼吸防护用品是为了防护作业环境中各种可吸入物质对人体造成的危害所配备的个体防护装备。一般，可吸入物质可分为两类，即可吸入颗粒物（固体、液滴）和气体。因此，对可吸入物质的防护可分为对颗粒物的防护和对有毒有害气体的防护。从更细的角度看，可吸入颗粒物还可以分为尘（缝纫、研磨、粉碎、吹沙等作业场所较为常见）、烟（电焊、铜焊、冶炼、窑炉等作业场所较为常见）、雾（喷漆、金属喷镀等作业场所较为普遍）、纤维（纺织、阻燃填料等）、蒸汽或有毒有害物质蒸气（消防、化工、水处理等行业较为常见）、气溶胶（化学化工）及微生物（医院、生物实验室等）。

控制环境中有害可吸入物质的最好方法是减少作业场所中的空气污染。可以通过采用工程控制措施（将作业面封闭，限制人员工作时间，或对空间进行局部通风，或采用低毒或无毒原材料代替现有材料等）来完成，当上述手段难以有效控制作业场所的可吸入危险物质时，需要采用呼吸防护用品进行防护。

（2）呼吸防护用品分类

呼吸器是最主要的个体防护用呼吸防护装备。根据其是否需要外部气源，呼吸器可以分为供气式和非供气式两类。

1）供气式呼吸器。从供气气体种类上区分，供气式呼吸器可以分为空气呼吸器和氧气呼吸器，后者还可以分为化学生氧和自供氧等类型。供气式呼吸器的优点在于作业人员所呼吸的气体完全不依赖于环境，因此能够提供较高的防护等级。

2）非供气式呼吸器。非供气式呼吸器通过对作业环境中的空气进行过滤提供呼吸所用的空气，按照动力来源，可以分为自吸过滤式和电动送风式两类。

过滤材料是非供气式呼吸器的主要部件，其性能直接影响呼吸器的防护能力。常见的过滤材料包括复合物纤维、活性炭、碳纤维，通过碰撞和吸附的手段过滤作业环境中的有毒有害可吸入物质，对作业人员进行防护。

按照防护对象分类，非供气式呼吸器可以分为防尘式、防毒式和医用防护口罩。其中，防尘式呼吸器的防护对象为颗粒物，包括尘、烟、蒸气和纤维物质。根据其防护颗粒物的形态不同（固态、液态或二者均有），防颗粒物呼吸器还可以细分为防固体颗粒物呼吸器（KN 型）和防固体及油性颗粒物呼吸器（KP 型）。比较特殊的是，由于微生物的体积一般较大，且危险性较高，对微生物的防护需要视其危害程度而决定采用何种防护措施。较为常用的呼吸防护用品包括防毒用的自吸过滤式防毒面具、防尘用的自吸过滤式防颗粒物呼吸器、医用防护口罩、空气呼吸器以及长管呼吸器。

目前，我国选择呼吸防护用品的原则，一般是根据作业场所的氧含量是否高于18%来确定选用供气式或非供气式，根据作业场所有害物的性质和最高浓度确定选用全面罩或半面罩。

28. 呼吸防护用品的主要性能

不同场所使用的呼吸防护装备应具有特定的性能，但总体来说，影响呼吸器防护性能和使用效能的主要因素包括过滤效率（非供气式）、泄漏率（供气式、非供气式）、呼吸阻力（供气式、非供气式）、死腔（供气式、非供气式）等。

（1）过滤效率

过滤效率是衡量呼吸器对外界环境中有害物质滤除能力的指标。过滤效率取决于呼吸器的过滤件对空气中有害颗粒物的阻挡和吸附能力。

（2）泄漏率

对部分品种的呼吸器，当面罩罩体的结构难以密闭，同时罩体与头面部之间难以密合时，在实际佩戴过程中，可吸入有毒有害物质会通过罩体进入使用者的呼吸道。因此，相关标准采用泄漏率考察面罩的罩体对可吸入物质的防护能力。

（3）呼吸阻力

呼吸阻力是体现呼吸防护装备舒适性的重要性能指标。呼吸阻力越大，作业人员在实际使用过程中的憋闷感越强，舒适感越差，作业过程中更容易出现疲劳现象。因此，在实际使用过程中，需要使用呼吸阻力测试合格的样品。

（4）阻燃性能

阻燃性能考察面罩罩体对火焰的防护能力。由于在实际使用过程中，防护面罩并不会长期接触火源（空气呼吸器及全面罩除外），因此，对面罩阻燃性能的测试，可通过将面罩以适当的速度经过火焰来进行。对于需要长期暴露于火焰中的防毒全面罩和空气呼吸器用面罩，对其阻燃性能的测试较为复杂，需要使用专用的阻燃性能测试仪对面罩进行测试。

（5）死腔

面罩在实际使用过程中，呼出的气体会重新被人体吸入。因此，腔内二氧化碳气体的浓度会不断升高。死腔即表示面罩腔体内积聚二氧化碳的能力，用经过特定呼吸次数后面罩内二氧化碳含量表示。死腔大小表征面罩在使用特定时间后，面罩内二氧化碳的积聚程度。面罩内二氧化碳的含量越高，人体在佩戴和使用过程中越容易感到疲劳，面罩的使用时间越短。因此，对所有的面罩，均需测试其死腔大小。

（6）防护时间

防护时间是表征呼吸器对有毒有害气体防护耐久力的性能指标。过滤材料对有毒有害气体的防护能力与气体浓度和种类有关，因此，在国家标准中，对不同气体，要求的防护时间也不同。对呼吸器过滤件防护时间的测试，需要根据其防护类别选择对应的测试气体。测试前应对产品进行机械和温湿度的预处理，以便对其在真实使用过程中的防护能力有较好的对应。

（7）视野

面罩在佩戴过程中，突出的口鼻部位和过滤件的使用，不可避免地会对使用者的视觉范围造成影响。视野是考察面罩对使用者视觉范围影响程度的指标。所有的呼吸防护装备都需要进行视野性能的测试。总体上，对呼吸防护装备视野的要求，与其眼面部的结构有关，不同种类面罩在使用过程中对使用者视觉的阻挡作用不同，视野越大，面罩对使用者视野的阻挡越小，对使用者的作业影响越低。

29. 呼吸防护用品的检查与保养

应按照呼吸防护用具使用说明书中的有关内容和要求，定期检查和维护呼吸防护用品。呼吸防护用品应由经过培训的人员实施检查和维护，对使用说明书未包括的内容，应及时向生产者或经销商询问。

呼吸防护用品在每次使用前和佩戴后，应检查部件是否齐全完好，是否有老化、破损现象，及时更换失效部件。

对携气式呼吸器，使用后应立即更换用完的或部分用完的气瓶或气体发生器，并更换其他过滤部件。更换气瓶时不允许将空气瓶与氧气瓶互换。

应使用专用润滑剂润滑高压空气或氧气设备。

使用者不应自行重新装填过滤式呼吸防护用品的滤毒罐或滤毒盒内的吸附过滤材料，也不得采取任何方法自行延长已经失效的过滤元件的使用寿命。

30. 自吸式过滤防毒面具的正确使用

（1）合理选用

滤毒盒或滤毒罐的防护性能针对性较强，不能乱用或混用。常用的几款滤毒罐的防护对象如下：

1）1号滤毒罐。标色为绿色，主要防护综合气体，如氰氢酸、氯化氰、砷化氰、光气、双光气、氯化苦、苯、溴甲烷、路易氏气、二氯甲烷、芥子气。

2）2 号滤毒罐。标色为橘红色，主要防护一氧化碳、各种有机物蒸气、氢氰酸及其衍生物。

3）3 号滤毒罐。标色为棕色，主要防护有机气体，如苯、丙酮、醇类、二硫化碳、四氯化碳、三氯甲烷、溴甲烷、氯甲烷、硝基烷、氯化苦。

4）4 号滤毒罐。标色为灰色，主要防护氨、硫化氢。

5）5 号滤毒罐。标色为白色，主要防护一氧化碳。

6）6 号滤毒罐。标色为黑色，主要防护汞蒸气。

7）7 号滤毒罐。标色为黄色，主要防护酸性气体和蒸气，如二氧化硫、氯气、硫化氢、氮的氧化物、光气、磷和含磷有机农药。

8）8 号滤毒罐。标色为蓝色，主要防护硫化氢。

（2）连接防毒面具

旋下罐盖，将滤毒罐接在面罩下面，取下滤毒罐底部进气孔的橡皮塞。

（3）检查全套面具的气密性

使用前应先检查全套面具的气密性，将面罩和滤毒罐连接好，戴好防毒面具，用手或橡皮塞堵住滤毒罐进气孔，深呼吸，如没有空气进入，则此套面具气密性较好，可以使用，否则应修理或更换。

（4）正确使用

佩戴时如闻到毒气气味，应立即离开有毒区域。在有毒区域的氧气占总体积的 18%以下、有毒气体占总体积 2%以上的地方，各型号滤毒罐都不能起到防护作用。

（5）合理保存

每次使用后应将滤毒罐上部的螺帽盖拧上，并塞上橡皮塞后储存，以免内部受潮。滤毒罐应储存于干燥、清洁、空气流通的库房环境，严防潮湿、过热，滤毒罐有效期为5年，超过5年应重新鉴定。

31. 正压式空气呼吸器及其正确佩戴方法

正压式空气呼吸器主要适用于消防、化工、船舶、自来水厂、油气田等领域。在火灾、有毒有害气体及窒息等恶劣环境中，工作人员佩戴该呼吸器可以自救逃生，进行事故处理及工业性作业等工作。

（1）正压式空气呼吸器的构造

1）气瓶和瓶阀组。气瓶阀上装有过压保护膜片，当瓶内压力超过额定压力的1.5倍时，保护膜片自动卸压。气瓶阀上还设有开启后的止退装置，使气瓶开启后不会被无意地关闭。

2）减压器组件。减压器组件安装于背板上，通过一根高压管与气阀相连接。减压器的主要作用是将空气瓶内的高压空气降为低而稳定的中压，供给供气阀使用。

3）报警哨。报警哨的作用是防止使用者忘记观察压力表指示压力，出现气瓶压力过低而不能安全退出灾区的危险。使用者呼吸量不同，做功量不同，退出灾区的距离不同，因此使用者应根据不同的情况确定退出灾区所必要的气瓶压力，绝不能机械地理解为报警后才开始撤离灾区。而且在佩戴过程中，使用者必须经常观察压力表，防止报警哨失灵后出现压力过低的情况。

4）供气阀。供气阀的主要作用是将中压空气减为一定流量的低压空气，为使用者提供呼吸所需的空气。供气阀设有节省气源的装置，可防止在系统接通后、戴上面罩之前，气源的过量损失。

5）面罩。面罩为全面结构，面罩中的内罩能防止镜片出现冷凝气，保证视野清晰。面罩上安装有传声器及呼吸阀，通过快速接头与供气阀相连接。

6）压力表。压力表用来显示瓶内的压力。

（2）正压式空气呼吸器的佩戴方法

1）背戴气瓶。将气瓶阀向下背上气瓶，通过拉肩带上的自由端，调节气瓶的上下位置和松紧度，直到感觉舒适为止。

2）扣紧腰带。将腰带公扣插入母扣内，然后将左右两侧的伸缩带向后拉紧，确保扣牢。

3）佩戴面罩。将面罩的所有带子放到最松，把面罩置于使用者脸部，然后将头带从头部的上前方向后下方拉下，由上向下将面罩戴在头上。调整面罩位置，使下巴进入面罩下部凹形内，先收紧下端的两根颈带，然后收紧上端的两根头带及顶带，如果感觉不适，可调节头带松紧。

4）面罩密封。用手按住面罩接口处，通过吸气检查面罩密封是否良好。深呼吸，此时面罩两侧应向人体面部移动，人体感觉呼吸困难，说明面罩气密良好，否则再收紧头带或重新佩戴面罩。

5）装供气阀。将供气阀上的接口对准面罩插口，用力往上推，当听到“咔嚓”声时，安装完毕。

6）检查仪器性能。完全打开气瓶阀，此时，应能听到报警哨短促的报警声，否则，报警哨失灵或者气瓶内无气。同时观察压力表读数。通过几次深呼吸检查供气阀性能，呼气和吸气都应舒畅、

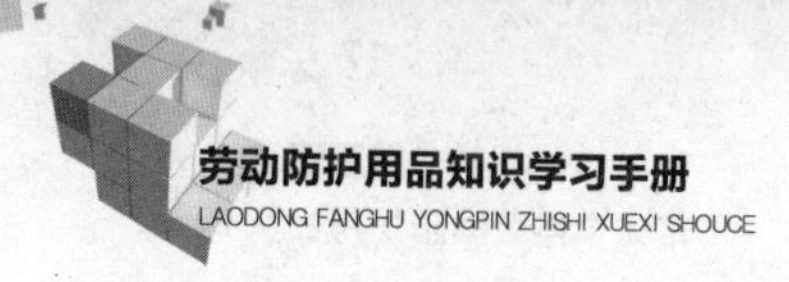

无不适感觉。

7）使用。正确佩戴且经认真检查后即可投入使用。

使用过程中要随时观察压力表，注意报警器发出的报警信号。使用结束后，首先用手捏住下面左右两侧的颈带扣环向前推，松开颈带，再松开头带，将面罩从脸部由下向上脱下。然后转动供气阀上旋钮，关闭供气阀，并捏住公扣榫头，退出母扣。最后放松肩带，将仪器从背上卸下，关闭气瓶阀。

（3）正压式空气呼吸器使用注意事项

1）不准在有标记的高压空气瓶内充装任何其他种类的气体，否则可能发生爆炸。

2）高压空气瓶应避免碰撞、接触高温、沾染油脂和太阳直射。

3）每个高压空气气瓶附有高压空气气瓶合格证，必须妥善保管，不得丢失。

4）不得改变气瓶表面颜色。

5）严禁混装、超装压缩空气。

32. 听力防护用品及其分类与选用

（1）噪声来源及降噪措施

听力防护用品是用以防护使用者在作业过程所受到的噪声影响而佩戴的个体防护装备。噪声的来源多种多样，在工业领域主要包括纺织机、球磨机、电锯、机床、碎石机等产生的机械性噪声，由于空气振动产生的噪声，如通风机、空气压缩机、喷射器、汽笛、锅炉排气放空等产生的空气动力性噪声，还包括电磁性噪声，如电机中交变力产生的噪声。在噪声环境中，为了保护作业人员的听力，同时避免噪声对工作人员造成潜在的生理影响，如易怒、血压升高、注意力难以集中等，需要为作业人员配备劳动防护用品。

避免噪声危害的最有效途径是远离噪声区域，包括尽可能远离机械加工场所，或者改进生产工艺，将噪声源密闭以隔绝噪声。使用减振降噪的方式降低机械噪声，或缩短在工作场所的作业时间，也可以降低噪声对作业人员的影响。如果上述方式都不能有效降低噪声，那么就必须使用听力防护用品。

（2）听力防护用品分类

常见的听力防护用品从佩戴部位来讲，主要分为两类，即耳塞和耳罩。

1）耳塞。耳塞的佩戴部位为外耳道，通过塞入的方式，将耳塞插入外耳道以降低噪声。耳塞可以位于外耳道的入口处，也可完全插入外耳道。从材料上看，耳塞多使用柔软并且有形状记忆功能的材料，如聚乙烯、硅胶、棉、泡沫塑料或经过处理的玻璃纤维，通过隔绝耳道内外空气，实现降低入耳噪声的目的。

2）耳罩。耳罩一般由头箍和罩杯组成，在罩杯上固定有杯垫和其他降噪结构。佩戴时，罩杯将耳郭包围，以实现隔绝内外环境，降低噪声的目的。同耳塞相比，耳罩的异物感较低，但耳罩的质量和体积较大，且成本较高。由于耳罩的体积较大，可以在耳罩上附加多种结构，如降噪电路、通信模块等，以实现更好的降噪及通信目的。带有环箍的耳罩，按照环箍的大小，可以分为大、中、小号。不同尺寸的耳罩，需要使用者根据自己的头型进行佩戴。

（3）听力防护用品的选用

使用耳塞和耳罩时，应根据噪声的强度和频谱合理选用。对噪声强度为 110 分贝的中频噪声，只用耳塞即可。对 140 分贝的噪

声，即使是低频，也宜耳塞和耳罩并用，甚至佩戴帽盔。

33. 防尘口罩及其正确使用

（1）防尘口罩的材质及分类

防尘口罩是从事粉尘作业和接触粉尘的人员必不可少的防护用品。防尘口罩主要用于含有低浓度有害气体和蒸气的作业环境以及会产生粉尘的作业环境。防尘口罩滤毒盒内仅装吸附剂或吸着剂。有的滤毒盒还装有过滤层，可同时防气溶胶。有些军用防毒口罩，主要由活性炭布制成，或者用抗水抗油织物为外层，玻璃纤维过滤材料为内层，浸活性炭的聚氨酯泡沫塑料为底层，可在遭受毒气突然袭击时提供暂时性防护。

防尘口罩的种类很多，但都采用复合的过滤材料制成。一般的过滤材料有活性炭纤维、活性炭颗粒、熔喷布、无纺布、静电纤维等，特种过滤材料主要用来防范其他特种有毒气体或放射性颗粒等。防尘口罩可以按照使用次数和外形来分类。按使用次数分，防尘口罩可以分为一次性防毒防尘口罩、多次性防毒防尘口罩和可回收式防毒防尘口罩等。按外形分，防尘口罩可以分为半面具式、全面具式、平面式、杯型式、鸭嘴式等。

另有带呼气阀设计的防尘口罩，这类防尘口罩采用无毒、无味、不过敏、无刺激的原材料制成，能减少热量积聚，使呼吸更轻松，适合高温、高湿度环境下长时间使用。高滤效、低阻力、可调节鼻夹，使口罩与脸部的密闭性更好，粉尘不能轻易漏入。经过静电处理的过滤层，能有效地隔滤和吸附极细微的有害工业粉尘，防止矽肺病。氨纶丝材料的松紧带，能对使用者产生更有效的保护作用。该类口罩主要应用于建筑业、农业、畜牧业、食品加工业、水泥厂、纺织厂、重金属有害污染物作业场所。

（2）防尘口罩的佩戴方法

防尘口罩必须大小适合，佩戴方式也必须正确。

1）先将头带每隔 2～4 厘米拉松一次。

2）将口罩放置掌中，将鼻位金属条朝指尖方向，让头带自然垂下。

3）戴上口罩，使鼻位金属条部分向上，紧贴面部。

4）将口罩上端头带放于头后，下端头带拉过头部，置于颈后，调校至舒适位置。

5）将双手指尖沿着鼻梁金属条，由中间至两边，慢慢向内按压，直至紧贴鼻梁。

使用防尘口罩时，应双手尽量遮盖口罩并进行正压及负压测试。正压测试方法：双手遮着口罩，大力呼气。如空气从口罩边缘溢出，即佩戴不当，须再次调校头带及鼻梁金属条。负压测试方法：双手遮着口罩，大力吸气，口罩中央会陷下去。如有空气从口罩边缘进入，即佩戴不当，须再次调校头带及鼻梁金属条。

（3）使用防尘口罩的注意事项

1）定期更换口罩。出现以下情况时应及时更换口罩：口罩受污染，如染有血渍或飞沫等异物；使用者感到呼吸阻力变大；口罩损毁；在口罩与使用者面部密合良好的情况下，使用者感到防尘滤棉的呼吸阻力很大，说明滤棉上已附满粉尘颗粒；在口罩与使用者面部密合良好的情况下，当使用者闻到有毒物质的气味时，应该及时更换新的防毒滤盒。

2）口罩不宜长期佩戴。从人的生理结构来看，人的鼻腔黏膜血液循环非常旺盛，鼻腔里的通道又很曲折，鼻毛构起一道过滤的“屏障”。如果长期戴口罩，会使鼻腔黏膜变得脆弱，失去鼻腔的原有生理功能，故不能长期戴口罩。

3）口罩的外层往往积聚着很多外界空气中的灰尘、细菌等污物，而里层阻挡着呼出的细菌、唾液，因此，两面不能交替使用，否则会将外层沾染的污物在直接紧贴面部时吸入人体，成为传染源。

4）口罩在不戴时，应叠好放入清洁的信封内，并将紧贴口鼻的一面向里折好，切忌随便塞进口袋里或挂在脖子上。

5）若口罩被呼出的热气或唾液弄湿，其阻隔病菌的作用就会大大降低。所以，平时最好多备几只口罩，以便替换使用。口罩应每日换洗一次，洗涤时应先用开水烫 5 分钟，再用手轻轻搓洗，清水洗净后在清洁场所风干。但是，有活性炭过滤材料的口罩和一次性口罩不必清洗。

34. 手部劳动防护用品及其分类

手是人体中最为常用的器官之一。手部的肌肉、血管和神经分布极为复杂和精细，因此对手部的伤害会极大地影响人的正常工作和生活。工作场所存在着诸多造成手部伤害的危险因素，据统计，我国近 1/4 的工伤发生在手部，美国有关机构的统计数据是 40%。

（1）手部伤害

手部伤害一般分为机械伤害、物理性伤害、化学性伤害和生物性感染伤害四大类。最常见的伤害为机械伤害，包括撞击、切割、挤压、针刺、振动等。机械伤害易发生在金属冶炼加工、矿山作

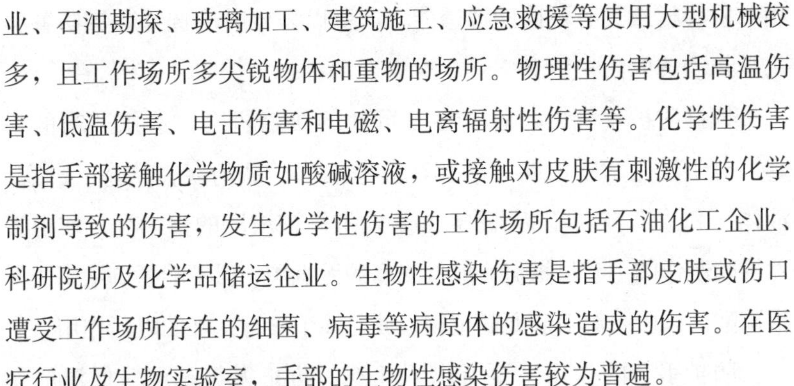

业、石油勘探、玻璃加工、建筑施工、应急救援等使用大型机械较多，且工作场所多尖锐物体和重物的场所。物理性伤害包括高温伤害、低温伤害、电击伤害和电磁、电离辐射性伤害等。化学性伤害是指手部接触化学物质如酸碱溶液，或接触对皮肤有刺激性的化学制剂导致的伤害，发生化学性伤害的工作场所包括石油化工企业、科研院所及化学品储运企业。生物性感染伤害是指手部皮肤或伤口遭受工作场所存在的细菌、病毒等病原体的感染造成的伤害。在医疗行业及生物实验室，手部的生物性感染伤害较为普遍。

（2）手部防护用品分类

手部防护用品是指用于防御劳动中机械、物理、化学和生物等外界因素伤害劳动者手部的防护用品，主要指手套。从形式上，手部防护用品包括分指手套、三指手套、连指手套、直型手套、半指手套、无指手套。从生产工艺上，手部防护用品可以分为注塑手套、浸塑手套、编织手套等。从防护对象上看，手部防护用品包括防机械伤害手套、防振手套、防寒手套、耐火阻燃手套、焊接手套、防放射性手套、耐油手套、防静电手套、绝缘手套、耐酸碱手套、防化学品手套、防微生物手套、防昆虫手套等，分别对应工作过程中遇到的各种伤害。

35. 防护手套及其正确使用

（1）防护手套及其作用

防护手套的种类繁多，除抗化学物外，还有防切割、电绝缘、防水、防寒、防热辐射和耐火阻燃等功能。需要说明的是，一般的防酸碱手套与抗化学物的防护手套并非完全等同。由于许多化学物

相对手套材质具有不同的渗透能力，所以需要时应选择具有防各类化学物渗透的防护手套。

依据防护手套的特性，参考可能的接触机会，选用适当的手套。对于抗化学物的防护手套，应考虑化学品的存在状态（气态、液体）和浓度，以确定该手套是否能抵御该浓度的化学品。如由天然橡胶制作的手套可抵御一般低浓度的无机酸，但不能抵御浓硝酸及浓硫酸。橡胶手套对病原微生物、放射性尘埃有良好的阻断作用。

防护手套的作用主要有以下几点：防止火与高温、低温的伤害，防止电磁与电离辐射的伤害，防止电、化学物质的伤害，防止撞击、切割、擦伤、微生物侵害以及感染。

防护手套分有衬里和无衬里防护手套。无衬里手套具有优异的触感，确保使用者双手灵活工作。有衬里的手套（衬里一般为针织布料，手套加上衬里后结构强度提高）可以更好地防割、切、刺穿，但触感不如无衬里手套。

（2）防护手套的正确使用

使用防护手套前，首先应了解不同种类手套的防护作用和使用要求，以便在作业时正确选择。切不可把一般场合用的手套当作专用防护手套来使用。在某些场合中，所有防护手套都应佩戴合适，手套不能过长，以免被机械绞或卷住，使手部受伤。

不同的防护手套有其特定的用途和性能，在实际工作时一定要结合作业情况来正确使用，以保护手部安全。使用防护手套的注意事项如下：

1）普通操作应佩戴防机械伤害手套，可用帆布、绒布、粗纱手套，以防丝扣、尖锐物体、毛刺、工具咬痕等伤手。

2）冬季应佩戴防寒棉手套，对导热油、三甘醇等高温部位操作也应使用棉手套。

3）接触甲醇时必须佩戴防毒乳胶或橡胶手套。

4）加电解液或打开电瓶盖时，要使用耐酸碱手套，注意防止电解液溅到衣物或身体其他裸露部位上。

5）焊割作业应佩戴焊工手套，以防焊渣、熔渣等烧坏衣袖、烫伤手臂。

6）配备耐火阻燃手套，用于救火减灾。

7）接触设备运转部件时，禁止佩戴手套。

8）手套，特别是被凝析油、汽油、柴油等轻质油品浸湿的手套，使用完毕应及时清洗油污。禁止戴此类手套抽烟、点火、烤火等，以防点燃手套。

9）操作旋转机床时，禁止戴手套作业。

防护手套都应有的标志标识包括防护手套商标、生产商或代理商的说明，防护手套的名称（商业名称或代码，以便使用者了解生产商、适用范围）和大小型号，如有必要，标上老化日期。

36. 绝缘手套及其分类与正确使用

（1）绝缘手套及其分类

带电作业用绝缘手套是个体防护装备中绝缘防护的重要组成部分。绝缘手套对人体手部具有保护作用，用橡胶、乳胶、塑料等材料做成，具有防电、防水、耐酸碱、防油的功能，适用于电力行业、汽车和机械维修行业、化工行业等。

按照形状分类，绝缘手套可分为直形手套和手指形手套。按照其绝缘性能不同，绝缘手套可分为 A、B、C 三类：A 类主要用于交流电压小于 1 千伏，直流电压小于 1.5 千伏的作业场所；B 类主要用于交流电压小于 7.5 千伏，直流电压小于 11.25 千伏的作业场所；C 类主要用于交流电压小于 17 千伏，直流电压小于 25.55 千伏的作业场所。

使用过程中，绝缘手套按照使用效果可分为一级品、二级品。一级品和二级品都是合格产品，但是除此之外的都属于不合格产品，严禁使用。

（2）绝缘手套的使用方法

1）使用经检验合格的绝缘手套（每半年检验一次）。

2）佩戴前应对绝缘手套进行气密性检查，具体方法是，将手套从口部向上卷，稍用力将空气压至手掌及指头部分，检查上述部位有无漏气，如有则不能使用。

3）使用时注意防止尖锐物体刺破手套。

4）使用后注意存放在干燥处，并不得接触油类及腐蚀性药品等。

5）手套应包装完整，并储存在专用箱内，避免阳光直射、雨雪浸淋，应小心放置，防止挤压折叠。

每只绝缘手套必须有明显且持久的标记，内容包括象征符合（双三角形）、制造厂名或商标、型号、使用电压等级、制造年份和月份。

37. 足部防护用品及其分类

（1）足部伤害因素

足部防护装备是为了在防护工作过程中各种危险因素对足部的

损伤所配备的个体防护装备，包括鞋、靴等。较为常见的伤害因素包括机械性、物理性和化学性伤害因素。

机械性伤害包括重物砸伤，行进过程中足尖与物体的碰撞或足部踏上尖锐物体等造成的损伤。在重工业行业，如采矿、金属制造、建筑等行业，更容易发生此类损伤。

物理性伤害包括高、低温伤害和触电伤害。高、低温伤害在冶炼、铸造、金属热加工、焦化、工业炉窑等作业场所比较普遍，伤害形式包括强辐射热灼烤足部，灼热的物料喷溅到足面上或掉入鞋内引起烧烫伤。在寒冷地区或冷库长时间工作过程中，足部保温措施不当会造成冻伤，严重的会造成组织坏死甚至截肢。电学伤害是物理伤害因素中比较常见的，较大的电流会破坏人体的内部组织，造成颤动、痉挛、血压升高、心律不齐，直至昏迷，严重的会造成心跳停止、呼吸停止直至死亡。

化学性伤害因素包括酸碱溶液对人体的刺激，在化工厂、造纸厂及有色冶炼、电池生产等作业场所，作业人员常常接触化学物质，可能发生足部被酸碱溶液灼伤或受到化学品刺激而引起皮炎和湿疹现象。

（2）足部防护用品

足部防护装备是通过使用特定的生产工艺和原材料制备的，具有一定防护性能的鞋靴。例如，在鞋/靴的前端加装金属或聚合物包头，可制成保护足趾的安全鞋；在鞋/靴内底与外底中放入一块能防御锐利物体刺穿的材料，可制成防刺穿鞋；使用静电橡胶或其他聚合物材料可制作防静电鞋/靴；使用绝缘材料可加工制成绝缘鞋/靴；使用具有防化学品腐蚀和渗透能力的材料，可制成耐化学品鞋靴等。

38. 防护鞋及其正确选用

（1）防护鞋及其作用

防护鞋是指鞋内前端有保护包头，能抗冲击能力 100 焦、耐 10 千牛静压力的鞋，可以保护脚趾免受意外伤害。职业鞋是指具有保护特征、未装保护包头的鞋，用于保护足部免受意外事故引起的伤害，主要适用于采矿、机械；建筑、冶金、采伐、运输等行业。

作业场所的堆置物，如机器设备、运输器材的运转以及材料、工具的使用中，可能会发生钉子、金属废料或其他尖锐物体刺、割劳动者脚底的危险，其伤害情况与机械外伤相同。除了机械行业外，其他行业，如交通运输以及仓储业，都存在类似伤害。

防刺穿鞋是在鞋底上方置入钢片，防止锐器和利物刺穿鞋底对工作人员脚底部造成伤害。防刺穿鞋用于足底保护，防止被各种坚硬物件刺伤。

（2）防护鞋的正确选用

在必须进行足部防护的作业环境下，应正确选用并穿防护鞋。

1）环境脏污、有机械刺穿危险的作业，作业现场有堆置物，如机器设备、运转的运输器械以及材料、工具时，应穿防护鞋。

2）具有高温辐射和火花飞溅环境的高温作业属于高温而兼强辐射类型的作业，如冶金工业，应穿防护鞋。

3）作业场所存在浓度较低的酸碱液时，应穿防护鞋。

39. 耐酸碱鞋的作用及其分类

（1）耐酸碱鞋

耐酸碱鞋（靴）采用防水革、塑料、橡胶等为材料，配以耐酸碱鞋底经模压、硫化或注压成型，具有防酸碱性能。其主要作用是在脚部接触酸碱或溶液泼溅在足部时，保护足部不受伤害。耐酸碱鞋只适用于浓度较低的酸碱作业场所，不能浸泡在酸碱液中进行长时间作业，以防酸碱溶液浸入鞋内腐蚀脚造成伤害。

根据材料的性质，耐酸碱鞋（靴）可分为耐酸碱皮鞋、耐酸碱塑料模压靴和耐酸碱胶靴 3 类。

（2）耐酸碱鞋使用的注意事项

1）耐酸碱鞋除了须根据作业条件选择适合的类型外，还应合脚，穿起来使人感到舒适，这一点很重要，使用者应仔细挑选合适的鞋号。

2）耐酸碱鞋要有防滑的设计，不仅要保护人的脚免遭伤害，而且要防止操作人员滑倒所引起的事故。

3）耐酸碱鞋属于防护鞋之一，用于作业时的足部防护，因此，还需要同时兼顾其他防护功能。各种不同性能的耐酸碱鞋，要达到各自防护性能的技术指标，如满足脚趾不被砸伤、脚底不被刺伤、绝缘导电等要求。

4）使用耐酸碱鞋前要认真检查或测试，在电气和酸碱作业中，穿破损和有裂纹的耐酸碱鞋都是有危险的。

5）耐酸碱鞋用后要妥善保管，橡胶鞋用后要用清水或消毒剂冲洗并晾干，以延长其使用寿命。

40. 防静电鞋和导电鞋的主要功能及其使用注意事项

（1）静电危害

在生产工艺和操作过程中，某些材料会产生相对运动、接触与分离等，进而形成静电。静电不会直接致命，但是，静电电压有时高达数万乃至数十万伏，可能在现场发生放电，产生静电火花。静电危害主要表现在以下几个方面：

1）在有爆炸和火灾危险的场所，静电放电火花会成为可燃性物质的点火源，造成爆炸和火灾事故。

2）人体因受到静电电击的刺激，可能引发二次事故，如坠落、跌伤等。此外，对静电电击的恐惧心理还会对工作效率产生不利影响。

3）某些生产过程中，静电的物理现象会妨碍生产，导致产品质量不良，电子设备损坏，造成生产故障，乃至停工。

（2）防静电鞋和导电鞋的主要作用

防静电鞋和导电鞋都是以消除人体静电为目的的防护鞋。防静电鞋不仅可防止人体静电积聚，而且还可以防止因不慎触及 250 伏工频电所带来的危险。导电鞋不仅可以在尽可能短的时间内消除人体静电，而且还可以将人体的静电电压降至最低，但仅用于不会遭到电击的场所。

（3）防静电鞋和导电鞋使用注意事项

1）防静电鞋和导电鞋都有消除人体静电积聚的作用，可用于易燃易爆作业场所。但防静电鞋可以防止 250 伏以下电源设备的电击，而导电鞋则不能用于有电击危险的场所。

2）防静电鞋虽然有防电击的作用，但不得将其作为绝缘鞋使用。

3）穿用防静电鞋和导电鞋时，不应同时穿绝缘的毛料厚袜及绝缘鞋垫。

4）使用防静电鞋的场所，其地面应防静电。使用导电鞋的场所，其地面应能导电。

5）防静电鞋应同时与防静电服配套穿用，注意产品清洁、防水、防潮。

6）防静电鞋和导电鞋在穿用过程中，应对鞋的电阻进行测试。如果电阻值不在规定的范围内，则不能作为防静电鞋或导电鞋继续使用。

要注意，穿用防静电鞋或导电鞋时，工作地面必须有导电性，以便接地导走静电，不能用绝缘橡胶板铺地。同时最好穿用导电袜或其他较厚的袜子，以便使人体电荷接触鞋底布通过鞋底导走。认清防静电鞋和导电鞋的特殊标志，千万不能将其作为绝缘鞋使用，以免发生危险。

41. 防护服及其分类

（1）防护服的结构及特点

防护服是躯干防护的主要防护装备，其构造因使用目的不同在设计上有很大的不同。对于多数防护物理性伤害的服装，其组成与普通服装类似，仅需要在开口部位如领口、袖口、裤口、下摆口等部位进行收口处理，避免外界有害因素（如电磁波、射线）从开口部位进入，同时也可以避免服装内人体携带的灰尘等因素进入工作

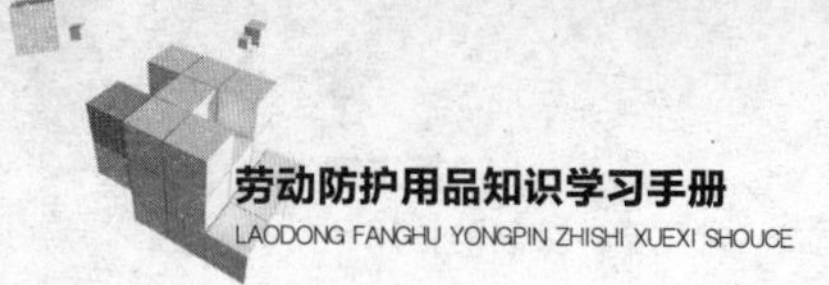

场所。服装外部的兜应根据使用的需要配备兜盖，且部分服装的兜不得使用斜插兜，以避免熔融金属进入。对机械伤害进行防护的防护服，可以采用更为简单的款式，如肚兜、围裙、马甲等形式，仅对需要防护的部位进行覆盖。

多数对化学性和生物性因素进行防护的防护服对身体部位的包覆更为全面，同时对服装的接缝等连接处具有更高的要求。防护气态化学品和致病微生物的防护服多为连体式，且接缝应有适当的防护措施以保证其气密性，对袖口、领口、脚口的要求也更为严格。对液态物质（熔融金属、液态化学品）的防护服，还应具有特殊的设计，避免活褶上倒等易引起液态物质积存的结构。

防护服通过使用不同功能的面料实现对不同危险因素的防护。例如，防静电服通过对普通面料进行防静电处理，或在织造过程中以适当的方式添加导电纤维来实现其防静电性能。阻燃面料多是通过对面料进行阻燃处理，如提高织物燃点，改变织物结构，改变织物在燃烧过程中释放物质的含量（提高释放物质中水分及其他密度大且不燃烧气体的释放量）等实现阻燃的。对化学品的防护是通过对面料进行涂覆处理，或者使用高致密性的面料对化学品进行阻挡等手段实现的。对机械刺穿及切割的防护，主要通过使用高强度聚合物纤维、金属纤维或直接使用金属环或链形成防护层，保护躯体免受机械性伤害因素的威胁。

（2）防护服的分类

目前，在我国市场上常见的躯干防护装备主要包括防静电服、防静电毛针织服、阻燃服、焊接服、酸碱类化学品防护服、微波辐射防护服、带电作业用屏蔽服装、高可视度警示服、防寒服、防切割服、无尘衣、防化服等种类，用以防护一般工业场所常见的各种危害。不同用途的服装，具有的防护特性也不尽相同，与之相关的国家标准也不同。使用者应依据工作场所存在的危害选择适当的躯干防护装备。

42. 化学防护服及使用注意事项

（1）化学防护服及分类

化学防护服是用耐酸、耐碱织物或橡胶、塑料等材料制成的防护服，是从事酸碱作业人员穿用的具有防酸碱性能的服装。

化学防护服产品根据材料的性质不同，分为透气型防酸碱工作服和不透气型防酸碱工作服。

透气型防酸碱工作服用于中、轻度酸碱污染场所的防护，产品有分身式和大褂式两种款式。不透气型防酸碱工作服用于严重酸碱污染场所，有连体式、分身式和围裙等款式。

（2）化学防护服使用注意事项

化学防护服属于特殊作业防护服。特殊作业防护服使用后，应进行检查、清洗，晾干保存，以便下次使用。产品应存放于干燥、通风、清洁的库房。以橡胶为基料的防护服，可用肥皂水洗净后冲洗晾干，撒些滑石粉膏存放。以塑料为基料的防护服，一般只在常温下清洗、晾干。以特殊织物为基料的防护服，如等电位均压服、微波防护服、防静电服等，应远离油污，保持干燥，防止腐蚀性物质侵蚀，避免织物中的金属等导电纤维折断，这类服装应定期检查其电性能指标。

43. 核防护服与辐射防护服及主要作用

（1）高能射线危害

随着现代科学技术的飞速发展，各种高能射线在军事、通信、医学、工农业等领域和日常生活中得到越来越广泛的应用。但它们在给人们带来方便和享受的同时，也在某种程度上带来了一些危害。人长时间受超剂量的射线辐射，将引起全身性的疾病，出现头昏、乏力、食欲消退、脱发等神经衰弱症候群。受大剂量辐射后，肌体易产生病变，而且辐射停止后还会产生远期效应或遗传效应，如诱发癌症、下代小儿痴呆症等。

（2）核防护服适用范围

核防护服也称管道式气衣（加压送风防护服），使维修人员免受α放射性气溶胶污染的危害。其适用范围如下：

1）适用于包括焊接及热切割在内的热室内维修操作，但不能用于灭火作业。

2）适用于化工等有剧毒危险作业的抢修、维修等作业。

3）适用传染病预防和生物战剂等极危险作业。

辐射防护服包括中子辐射防护服、100 千电子伏以下辐射防护服、射频微波辐射防护服、防 X 射线服、紫外线防护服五大类，主要作用是防止人体直接暴露于辐射源之下，避免人体受到辐射伤害。

44. 防水服及使用注意事项

(1) 防水服及分类

防水服是防御水透过和渗入的工作服，包括劳动防护雨衣、下水衣、水产服等品种，主要用于保护从事淋水作业、喷溅水作业、排水、水产养殖、矿井、隧道等浸泡于水中作业的人员。防水服的产品类别包括胶布防护雨衣和防水工作服，主要是用橡胶涂覆织物为面料，经裁剪、缝制、黏合工艺制成，适用于从事淋水作业人员穿戴。

(2) 防水服使用的注意事项

1）防水服的用料主要是橡胶，使用时应严禁接触各种油类（包括机油、汽油、食用油等）、有机溶剂、酸、碱等物质。

2）洗后不可暴晒、火烤，应晾干。

3）存放时尽量避免折叠、挤压，要远离热源，通风干燥。如需折叠，可撒些滑石粉，以免黏合。

4）使用中避免与锐利物接触，以免割破后影响防水效果。

45. 劳动护肤品及主要性能指标

(1) 劳动护肤品及其分类

从功能上，劳动护肤产品可以分为防水型护肤剂、防油型护肤剂、遮光型护肤剂、洁肤型护肤剂、驱避型护肤剂以及其他用途型护肤剂六类。从护肤品的形态上，可以分为防护膏/霜、皮肤清洁剂和皮肤保护膜三类。其中，防护膏/霜可以通过涂抹的方式敷于皮肤表面，在一定的时间段内保护皮肤免受工作场所中各种有害因素的影响，同时其中所含的滋润成分能够修复皮肤所受的部分伤害。皮肤清洁剂用于工作后对皮肤的清洁，包括清洗液和干洗膏两类，后者可以在无水的情况下去除手上的油污。皮肤保护膜又称为隐形手套，能够在皮肤表面形成一层透明耐洗、抗油拒水且透气的保护薄膜，保护皮肤免受各种腐蚀性物质的伤害。

（2）劳动护肤品的主要性能指标

目前，我国皮肤防护产品的国家标准为《劳动护肤剂通用技术条件》（GB/T 13641—2006），对劳动护肤品的性能进行规范。标准规定了护肤用品的微生物学质量、护肤剂中所含有毒物质以及包括 pH 值、耐寒和耐热性、闪点、有效组分含量等的理化性能指标，还包括对护肤品具体防护性能测试的要求。

劳动护肤品的防护性能主要是通过皮肤的涂覆实现的。一方面，由于护肤用品直接接触皮肤，护肤品本身的质量会直接对皮肤造成影响；另一方面，护肤品需要对特定的危险因素进行防护，因此，护肤品也需要具有特定的防护能力，如防晒、耐热性和耐寒性等能力。

1）有毒物质限量。护肤品的生产过程中，不可避免地会引入微量的有害物质，如铅、汞、砷、甲醇，上述物质长期接触皮肤会对人体造成潜在的危害。因此，国家标准对护肤品中的有害物质限量进行了规范，要求汞含量不能大于 1 毫克/千克，铅含量应不大于 40 毫克/千克，砷含量应不大于 10 毫克/千克，甲醛含量应不大于 2 000 毫克/千克。

2）微生物学质量。微生物学质量指护肤品中所含微生物的量。对劳动护肤品，微生物学检验项目包括菌落总数、粪大肠杆菌群、绿脓杆菌、金黄色葡萄球菌、霉菌和酵母菌总数。

3）防晒指数。具有防晒或紫外线防护功能的护肤品应具有一定的防晒指数，其防晒指数值应大于等于10。

4）有效保护时间。有效保护时间是指护肤品对皮肤的防护能够持续作用的时间。

5）pH值。护肤品的pH值会对其使用造成影响，pH值过低或过高都会造成护肤品对人体的刺激，因此对护肤品要考察其本身的pH值。在《劳动护肤剂通用技术条件》（GB/T 13641—2006）中，要求护肤品pH值的范围应为4.0～10.0。

6）耐热性和耐寒性。耐热性和耐寒性考察护肤用品对高温和低温的耐受能力。测试通过将样品放置于温度分别为（48±1)℃和(−18±1)℃的环境中保温24小时，再于室温环境中保持24小时，观察样品有无油水分离、沉淀、变色等异常现象。

46. 井下自救器及其分类和正确使用

（1）井下自救器及其分类

自救器是一种轻便、体积小、便于携带、戴用迅速、作用时间短的个人呼吸保护装备。当井下发生火灾、爆炸、煤和瓦斯突出等事故时，供人员佩戴，可有效防止中毒和窒息。

自救器按其作用原理可分为过滤式和隔离式两种。隔离式自救器又分为化学氧和压缩氧自救器两种。我国生产有AZL-40型、AZL-60型、MZ-3型和MZ-4型过滤式自救器，AZH-40型化学氧自救器，AYG-45型和AYG-60型压缩氧自救器。

过滤式自救器是一种专门过滤一氧化碳，使之转化为无毒的二氧化碳的自救装置，主要用于水灾或瓦斯、煤尘爆炸时防止一氧化碳中毒，适用条件受空气中含氧量及有毒气体种类的限制，只能用于氧气浓度不低于18%、一氧化碳浓度不高于1%且不含其他有害气体的空气条件。

化学氧自救器是利用生氧气药剂生氧供人呼吸，佩戴者的呼吸气路与外界空气完全隔绝，不受外界条件的限制，适用于井下发生火灾、瓦斯和煤尘爆炸、煤（岩）与瓦斯突出事故。如果现场人员身体未受到直接伤害，都可以佩戴该类自救器。在冒顶堵人事故中，可以佩戴该类自救器静坐待救，以防止瓦斯渗入导致氧含量降低而造成窒息死亡事故。

压缩氧自救器是利用压缩氧气供氧的隔离式呼吸保护器，可反复多次使用，每次使用后只需要更换新的吸收二氧化碳的氢氧化钙吸收剂并重新充装氧气即可重复使用。该类自救器可用于存在有毒气体或缺氧的环境条件下。

（2）自救器的使用注意事项

1）入井前要用腰带把自救器系在左侧腰部，或挂在离本人岗位不远的地方，以便在发生灾害事故时，能快速地佩戴好自救器。

2）严禁随意拆开自救器。随意拆动内部生氧药罐的任何部件，或外壳意外开启，就应立即停止携带此自救器，并作报废处理。

3）在井下或地面应避免碰撞、跌落自救器；不准将其当坐垫用，也不准用尖锐器具砸自救器外壳；不能接触带电体或浸泡在水中。

4）每班携带时，要检查自救器外部有无损伤、松动，如发现不正常现象，应及时更换完好的自救器携带入井，再把有问题的自救器送到发放室检查校验，不可把带有毛病的自救器携带入井。

5）发生瓦斯、煤尘爆炸事故时，要立即戴上自救器，做到沉着、冷静，全部佩戴完毕，迅速退出灾区。在没有到达安全地点以前，切不可摘掉口具和鼻夹。

6）撤离危险区时，要匀速快步行走，呼吸要均匀，禁止狂奔乱跑，以防止意外伤害。

7）严禁佩戴过滤式自救器进入缺氧盲巷（氧含量低于16%）和含其他有害气体的场所（一氧化碳除外）。

8）自救器的有效使用时间约为40分钟，佩戴自救器后不可在灾区久停，也不可顺烟雾风流一直走向回风井，行进按避灾路线，从最近巷道尽快走出烟雾地点，进入安全、新鲜风流区域。

9）过滤式自救器只能供本人从灾区撤退时使用。在非特殊情况下，严禁佩戴自救器去救人和从事灾区的其他工作，防止事故扩大。

10）佩戴过程中口腔产生的唾液，可以咽下，也可任其自然流入口水盒降温器，严禁拿下口具往外吐。

11）使用压缩氧自救器，应按期更换二氧化碳吸收剂药品，以保证使用时的安全。禁止随意打开氧气瓶开关。如氧气瓶开关有慢漏气现象，应立即送去检修，再把氧气充足。

在戴上隔离式自救器行走过程中，自救器在生氧药品作用下，壳体会逐渐变热并使吸气温度逐渐升高，这表明自救器正常工作，千万不要惊慌或因吸气干热而取下口具、鼻夹。在行进中严禁通过口具讲话或摘掉口具讲话，以防止有毒有害气体中毒。如遇到冒落危险地区，可快步行走，当快步行走一段路后，会感到呼吸阻力大，气不够用，这时可放慢脚步缓解一下，即能正常呼吸。

第四章

常见防坠落劳动防护用品

47. 高处坠落的危害及其劳动防护用品

(1) 高处坠落及其危害

高处作业是生产中常见的作业形式之一，制造业、建筑业、造船、石油化工、电力等行业存在着诸多高处作业工种。对高处作业的定义，各国间有一定的不同。我国规定，在坠落高度基准面 2 米以上（含 2 米），有可能坠落的高处进行的作业称为高处作业。按相关法律、法规要求，高处作业以及在危险的设备或装置上方工作，均应提供坠落防护，安全帽、安全带和安全网被称为建筑施工安全防护“三宝”。

相对于工作场所的其他危险因素，坠落危险具有突发性、个体性、严重性等特点：突发性是指坠落事故的发生往往不可预见，坠落时间非常短，且坠落发生过程中人员往往难以自我调整以减少伤害；个体性是指坠落事故往往仅发生于单个作业人员；严重性是指坠落事故一旦发生，多为重伤或者死亡。

坠落对人体造成的伤害主要为坠落冲击，即坠落过程中，由于重力的作用，人员往往具有很大的动能，在接触水平面的刹那，坠落速度急剧降低，对人体造成极大的冲击。在某些特定的情况下，即使从较低的高处坠落，如果是头部等重要部位触地，也有可能造成严重伤害甚至死亡。

（2）高处坠落劳动防护用品的种类

坠落防护的目的在于预防使用者在工作过程中的坠落伤亡，常用的坠落防护产品包括安全带、安全网、安全绳、速差自控器、自锁器。不同的坠落防护装备，其防护原理不同。

1）安全带。安全带是高处作业工人预防坠落伤亡的防护用具，由与人体接触的织带及衬垫、绳子和金属配件组成。安全带按作业类别区分，可以分为围杆作业安全带、区域限制安全带、坠落悬挂安全带三类。其中，围杆作业用安全带是通过围绕在固定构造物上的绳或带将人体绑定在固定构造物附近，使作业人员的双手可以进行其他操作的安全带，适用于高处作业，如电线杆上作业、建筑施工登高作业等。区域限制安全带是用以限制作业人员的活动范围，避免其达到可能发生坠落区域的安全带，此种类型的安全带是在没有坠落风险的前提下使用的。区域限制安全带可以是定位腰带，也可以是其他类型的安全带。坠落悬挂安全带是指高处作业或登高人员发生坠落时，将作业人员安全悬挂的安全带。

2）安全网。安全网是用来防止人、物坠落，或用来避免、减轻坠落物击伤的防护用具，主要用于高处作业，如高层建筑施工、造船修船、水上装卸、大型设备安装及其他高空、高架作业场所。安全网由网体、边绳、系绳等组成。网体由单丝线、绳等编织而成，为安全网的主体。边绳是沿网体边缘与网体连接的绳，有固定安全网形状和加强冲击抗力的作用。系绳是把安全网固定在支撑物上的绳。在某些情况下，安全网的网体上还有用于加固网体强度的

筋绳。安全网按照结构和使用形态，可以分为平网、立网和密目式安全立网。其中，安全平网的安装平面不垂直于水平面，立网是指安装平面垂直于水平面的安全网，密目式安全立网是指网眼孔径不大于 12 毫米，垂直于水平面安装，用于阻挡人员、视线、自然风、飞溅物及失控小物体的网。

3）安全绳。安全绳是在高空作业时用于保护人员和物品安全的绳索，包括合成纤维绳、麻绳、钢丝绳。安全绳一般与安全带配合使用于施工、安装、维修等高空作业中，适用于外线电工、建筑工人、电信工人、电线维修工等工种。安全绳按作业类别，可分为围杆作业用安全绳、区域限制用安全绳、坠落悬挂用安全绳。

4）速差自控器。速差自控器是指能在限定距离内快速制动并锁定物体的坠落防护装备。当安全绳或安全带以过快速度拉出时，速差自控器内的机构立即锁止，当负荷降低时，安全绳又可以继续通过自控器以较低速度拉伸，工作完毕后安全绳将自动收回到自控器内。速差自控器具有使用方便、下滑距离短、冲击力小、携带方便等优点，广泛应用于电力、油田、建筑、桥梁、集装箱码头等高处作业场所，用以防止被吊工件、物体损坏，也可以用以保护地面操作人员的生命安全。

5）自锁器。自锁器是高处作业人员上下攀登时使用的个体防坠落用品。自锁器一般配合刚性或柔性导轨使用，分别称为带刚性导轨自锁器和带柔性导轨自锁器。在实际使用过程中，自锁器始终跟随使用者移动，并在人体下坠时自动快速锁止，避免发生坠落伤害。自锁器结构简单，使用方便，可快速装卸，因此广泛应用于电力、石油、通信、建筑等领域。

6）挂点装置。挂点装置是将坠落防护系统与附着物结合并传递受力的连接件。在实际使用中，挂点装置同安全带、速差器、自锁器等配合使用，共同对作业人员进行防护。从结构上，挂点装置可以分为A型挂点（使用结构固定装置固定，使用时挂点不随作业人员移动的挂点装置）、B型挂点（不需要结构固定装置固定，且挂点不随作业人员移动的挂点装置）、C型挂点（水平使用的柔性导轨装置）、D型挂点装置（水平使用的刚性导轨装置）、E型挂点装置（安置在平面上，带有配重的挂点装置）。

48. 安全帽及其正确使用

（1）安全帽的结构

安全帽由帽壳、帽衬、下颏带、后箍等部件组成，其主要组成部分为帽壳和帽衬。良好的帽壳、帽衬材料，适宜的帽型与合理的帽衬结构相配合就能起到阻挡外来冲击物和缓解、分散、吸收冲击力，保护佩戴者的作用。

帽壳多采用椭圆或半圆拱形结构，表面连续光滑，可使物体坠落到帽壳上后滑脱，顶部一般设有加强筋，以提高抗冲击强度。冲击过程中允许帽壳产生少量变形，但不能触及头顶。帽壳外形不宜采用平顶形式，平顶不易使坠落物滑脱，冲击过程中顶部变形大，易产生触顶。

帽衬是帽壳内部部件的总称，包括帽箍、顶带、护带、吸汗带、衬垫及拴绳等。帽衬在冲击过程中主要起缓冲作用。帽衬材料的好坏、结构的合理性与协调程度直接影响安全帽的冲击吸收性能。

（2）安全帽的防护原理

1）缓冲减震作用。帽壳与帽衬之间有 25～50 毫米的间隙，当物体打击安全帽时，帽壳不因受力变形而直接影响到头顶部。

2）分散应力作用。帽壳为椭圆形或半球形，表面光滑，当物体坠落在帽壳上时，物体不能停留，立即滑落。帽壳受打击点承受的力向周围传递，通过帽衬缓冲减少的力可达 2/3 以上，其余的力经帽衬的整个面积传递给人的头盖骨，这样就把着力点变成了着力面，从而避免了冲击力在帽壳上某点应力的集中，减少了单位面积受力。

3）生物力学原理。国家标准中规定安全帽必须能吸收 4 900 牛的力。这是因为根据生物学试验，4 900 牛是人体颈椎承受力的最大限值，超过此限值颈椎就会受到伤害，轻者引起瘫痪，重者危及生命。

49. 安全帽的分类与正确选用

（1）安全帽的分类

安全帽可按照材料、外形和作业场所进行分类。

1）按材料分类，安全帽可分为工程塑料、橡胶料、纸胶料、植物料安全帽等。

2）按外形分类，安全帽可分为无檐、小檐、卷边、中檐、大檐安全帽等。

3）按作业场所分类，安全帽可分为一般作业和特殊作业安全帽。

安全帽产品按用途分，有一般作业类（Y 类）安全帽和特殊作业类（T类）安全帽两大类。T类又分成五类：T1类适用于有火源的作业场所；T2类适用于井下、隧道、地下工程、采伐等作业场所；T3类适用于易燃易爆作业场所；T4（绝缘）类适用于带电作业场所；T5（低温）类适用于低温作业场所。每种安全帽都具有一定的技术性能指标和适用范围，所以选用时要根据所使用的行业和作业环境选购相应的产品。

安全帽颜色的选择随意性比较大，一般以浅色或醒目的颜色为宜，如白色、浅黄色等，也可以按有关规定的要求选用，或遵循安全心理学的原则选用，或按部门来选用，或按作业场所和环境来选用。

（2）常见安全帽的选用

1）玻璃钢安全帽。这种安全帽以玻璃丝或化纤纤维与不饱和聚酯树脂为原料，采用手工糊制，再加温固化或模压制成。它具有良好的耐高温、耐低温、电绝缘、耐腐蚀及阻燃性能，主要应用于冶金高温场所以及油田钻井、森林采伐、供电线路、高层建筑施工以及寒冷地区施工。

2）塑料安全帽。这种安全帽用的塑料有聚碳酸酯、ABS（一种共聚物）、超高分子聚乙烯、改性聚丙烯等。这些材料均属热塑性工程塑料，具有良好的抗冲击、耐高温、电绝缘等性能。与玻璃钢安全帽相比，塑料安全帽成本较低，因此广泛应用于各种行业。

ABS塑料安全帽主要适用于采矿、机械工业等冲击强度较高的室内常温作业，不能接触明火，不适宜长期在低温露天作业中使用。

超高分子聚乙烯塑料安全帽适用范围较广，冶金、石油、化工、矿山、建筑、机械、电力、交通运输、地质、林业等冲击强度较低的室内外作业均可应用。

3）胶布矿工帽。胶布矿工帽用胶布糊胎，模压硫化成形，多为黑色椭圆形小檐加强筋式，也有外加白色涂料的。其最大特点就是抗静电性能好、耐用，主要用于煤矿、井下、涵洞、隧道作业等。

4）防寒安全帽。防寒安全帽是在寒冷季节对头部起保暖和防御物体打击伤害的安全帽，由帽面、帽里、衬壳及其他防寒构件（帽耳扇、帽小耳等）组成。帽面采用皮革、人造革或其他织物制成。帽里充填棉花、腈纶棉等防寒材料。衬壳是用工程塑料或其他材料制成的半球形硬壳。防寒构件则由长毛绒或羊剪绒制成。防寒安全帽适用于寒冷地区冬季野外和露天作业人员使用。

5）纸胶安全帽。帽壳采用造纸木浆，加添强力助剂模压加工而成。其防辐射性能好，耐高温、低温，抗老化性强，适用于建筑、矿山、油田、化工、运输、交通等行业。用于户外作业时，还可防太阳辐射、风沙和雨淋。

6）植物条编织的安全帽。植物条编织的安全帽在帽壳顶部加有钢板纸、塑料板或涂有一层玻璃钢，增加其强度。这类产品透气性好、质轻，但质量较差，基本不能作为安全帽使用。刚性低于标准要求，变形很大，又不耐燃烧，适于南方炎热地区无明火作业场所使用。

50. 安全帽的正确使用与维护

（1）安全帽的正确使用

1）首先检查安全帽的外壳是否破损（如有破损，其分解和削弱外来冲击力的性能就已减弱或丧失，不可再用），有无合格帽衬（帽衬的作用是吸收和缓解冲击力，若无帽衬，则丧失了保护头部的功能），帽带是否完好。

2）调整好帽衬顶端与帽壳内顶的间距（4～5 厘米），调整好帽箍。

3）安全帽必须戴正。如果戴歪了，一旦受到打击，起不到减轻对头部冲击的作用。

4）必须系紧下颏带，戴好安全帽。如果不系紧下颏带，一旦发生构件坠落打击事故，安全帽就容易掉下来，导致严重后果。

现场作业中，切记不得将安全帽脱下搁置一旁，或当坐垫使用。

（2）安全帽的维护

1）不能私自在安全帽上打孔，不要随意碰撞安全帽，不要将安全帽当板凳坐，以免影响其强度。

2）安全帽不能放置在有酸、碱、高温、日晒、潮湿或化学试剂的场所，以免其老化、变质。

3）对热塑料制的安全帽，虽可用清水冲洗，但不得用热水浸泡，更不能放入浴池内洗涤，也不能在暖气片、火炉上烘烤，以防止帽体变形。

（3）安全帽使用注意事项

1）在使用之前一定要检查安全帽上是否有裂纹、碰伤痕迹、凹凸不平、磨损（包括对帽衬的检查），安全帽上如存在影响其性能的明显缺陷就应及时报废，以免影响防护作用。

2）不能随意在安全帽上拆卸或添加附件，以免影响其原有的防护性能。

3）不能随意调节帽衬的尺寸。安全帽的内部尺寸如垂直间距、佩戴高度、水平间距，标准中是有严格规定的，这些尺寸直接影响安全帽的防护性能，使用时不可随意调节，否则，一旦发生落物冲击，安全帽会因佩戴不牢脱出或因冲击触顶而起不到防护作用，造成伤亡事故。

4）使用时一定要将安全帽戴正、戴牢，不能晃动，要系紧下颏带，调节好后箍，以防安全帽脱落。

5）受过一次强冲击或做过试验的安全帽不能继续使用，应予以报废。应注意使用在有效期内的安全帽，塑料安全帽的有效期为两年半，植物枝条编织的安全帽有效期为两年，玻璃钢（包括维纶钢）和胶质安全帽的有效期为三年半。超过有效期的安全帽应报废。

51. 防坠落安全带及其组成

防坠落安全带作为作业人员预防坠落伤害的个人防护用品，其作用是，当坠落事故发生时，使作用在人体上的冲击力小于人体的承受极限。通过合理设计安全带的结构，选择适当的材料，采用合适的配件，实现安全带在冲击过程中吸收冲击能量，减少作用在人体上的冲击力，从而实现预防和减轻冲击事故对人体产生伤害的目的。

防坠落安全带主要由以下几个部分组成：

1）安全绳。安全带上防止人体坠落的系绳。

2）吊绳。装有自锁钩的绳，将其预先垂直、水平或倾斜挂好，自钩锁可在其上自由移动，长度可调。

3）围杆带、围杆绳。电工、电信和园林等工程中，围在杆上作业时使用的带子或绳子。

4）护腰带。缝有柔软型材料，附在腰带上，保护作业人员腰部的带子。

5）金属配件。由普通碳素钢、铝合金钢等材料制成，在安全带上起连接和悬挂作用。

6）自锁钩。带有自锁装置的钩。它的工作原理是，自锁钩在冲击力的作用下产生惯性，卡齿卡住吊绳，阻止人体继续坠落。

7）缓冲器。缓解冲击的装置。当发生坠落时，内部结构发生改变，通过摩擦、局部变形和破坏来吸收一部分能量，从而减少人体受到的冲击力。防坠落安全带与缓冲器配合使用时，一般可使冲击力下降40％～60％。

8）防坠器。它也叫速差式自控器。它的工作原理是，利用速差进行控制，当绳索的拉出速度小于1米/秒时，在自控器内弹簧的作用下，绳索可自由伸缩。当拉出速度大于1米/秒时，即发生坠落时，绳子带动原盘快速转动，使负责制动功能的棘爪由于惯性作用立即卡住转动盘上的凸角，使圆盘不能再转动，绳索不能继续拉出，从而起到防止坠落的作用。

52. 安全带的材质与正确使用

（1）常见安全带的材质

安全带必须用锦纶、维纶、蚕丝等具有一定强度的材料制成。此外，用于制作安全带的材料还应具有重量轻、耐磨、耐腐蚀、吸水率低和耐高温、抗老化等特点。电工围杆带可用黄牛皮带制成。

金属配件可用普通碳素钢、合金铝等具有一定强度的材料制成。包裹绳子的绳套要用皮革、人造革、维纶或橡胶等耐磨、抗老化的材料制成。电焊时使用的绳套应阻燃。

（2）安全带的正确使用方法

1）应当检查安全带是否经质检部门检验合格，在使用前应仔细检查各部分构件是否完好无损。

2）使用安全带时，围杆绳上要有保护套，不允许在地面上拖着绳走，以免损伤绳套影响主绳。使用安全绳时不允许打结，并且在安全绳的使用过程中不能随意将绳子加长，避免潜在的危险。

3）架子工单腰带一般使用短绳比较安全。如需使用长绳，以选用双背式安全带为宜。悬挂安全带不得低挂，应高挂低用或水平悬挂，并应防止安全带的摆动、碰撞，避开尖锐物体。

4）不得私自拆换安全带上的各种配件，更换新件时，应选择合格的配件。单独使用 3 米以上的长绳时应考虑补充措施，如在绳上加缓冲器、自锁钩或速差式自控器等。缓冲器、自锁钩或速差式自控器可以单独使用也可以联合使用。

5）作业时应将安全带的钩、环牢固地挂在系留点上，卡好各个卡子并关好保险装置，以防脱落。

6）低温环境中使用安全带时应注意防止安全绳变硬割裂。

53. 安全网的分类与正确安装

（1）安全网的分类

工程施工过程中，为防止落物和减少污染，必须采用密目式安全网对建筑物进行全封闭。

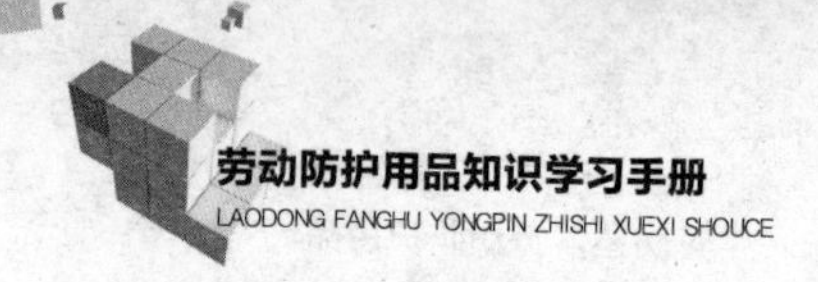

根据功能，安全网分为以下 3 类：

1）平网。安装平面不垂直于水平面，主要用来防止人、物坠落，或用来避免、减轻坠落及物击伤害的网具。

2）立网。安装平面垂直于水平面，主要用来防止人或物的坠落。

3）密目式安全立网。垂直于水平面安装，用于防止人员坠落及坠物伤害的网，同时起保护和美化环境的作用。

（2）安全网的正确安装方法

1）安装前要对安全网和支撑物进行检查，确认无误后才能安装。要检查网的标记与自己所选用的网是否相符合，检查网体是否存在影响使用的缺陷，检查支撑物是否有足够的强度、刚性和稳定性，并且系结安全网的地方应无尖锐的边缘。

2）安全网上的每根系绳都应与支架系结，四周边绳（边缘）应与支架贴紧。系结应符合打结方便、连接牢固又易于解开，工作中受力不会解脱的原则。有筋绳的安全网安装时还应把筋绳连接在支架上。

3）安装密目网时，网上的每个环扣都必须穿入符合规定的纤维绳，允许使用强力或其他性能不低于标准规定的其他绳索（如钢丝绳或金属线）代替，系绳绑在支撑物（或架子上）时应符合打结方便、连接牢固、易于拆卸的原则。

4）平网网面不宜绷得过紧。当网面与作业高度差大于 5 米时，其伸出长度应大于 4 米。当网面与作业高度差小于 5 米时，其伸出长度应大于 3 米。平网与下方物体表面的最小距离不应小于 3 米，两层平网间距不得超过 6 米。

5）立网网面应与水平面垂直，并与作业面边缘的最大间隙不超过 10 厘米。

6）安装安全网结束后，应该由专人检验，确认符合要求后，才能使用。

54. 安全网使用管理要求与注意事项

（1）安全网的使用与管理要求

1）企业必须购买有企业生产许可证、产品检验合格证的产品，购入的产品经验收后方准使用。

2）同一张安全网上同种构件的材料、规格和制作方法须一致，外观应平整。

3）每张密目网必须有永久性标牌，包括下列内容：产品名称、产品标记、商标、制造厂名和厂址、制造批号、生产日期、工业产品生产许可证编号。

4）密目网的安装平面垂直于水平面，严禁作为安全平网使用。

5）旧密目网再次使用时必须经过耐冲击性能检验和耐贯穿性检验，无检验条件的单位可以到国家认可的质检部门检验，合格后方可使用。

6）密目网边缘与作业人员工作面应贴紧密合。

7）密目网使用时必须避免发生下列现象：在粗糙或有锐边（角）的表面拖拉，人倚靠或将物品堆积压向密目网，大量焊接火花落入密目网，密目网周围有严重的腐蚀性烟雾。

8）密目网在使用中至少每周进行一次检查，当发现下列情况时应及时进行修理或更换：严重的变形或磨损、断裂或破洞、霉变、系绳松脱、搭接处脱开。

9）密目网使用中允许进行修理，修理后强度应不低于原密目网强度，修后必须经专人检验合格方可继续使用。

10）应经常清除靠近密目网及平网上的附着物，保持网的清洁。

11）在保护区域的作业停止后，方可拆除密目网。

12）拆除应在有关人员严密监督下进行，拆除时要根据现场条件采取有关防坠落措施。

13）安全网与架体连接不宜绷得太紧，系结点要沿边分布均匀、绑牢。

14）施工现场立网必须选用密目式安全网。

（2）安全网使用注意事项

1）不得随意拆除安全网的部件。

2）人员不得跳入或将物体投入安全网内。

3）不得在安全网内或下方堆积物品。

4）安全网周围不得有严重的腐蚀性烟雾存在。

5）防止大量焊接火花或其他火星落入安全网内。

（3）安全网的修理和更换

对于使用中的安全网，应进行定期的检查，并及时清理网上的落物，当发生下列情况之一时，应及时进行修理或更换：

1）安全网受到较大的冲击之后。

2）安全网发生霉变或其他腐蚀。

3）系绳脱落。

4）安全网发生严重的变形或磨损。

5）网的搭接处脱开。

55. 作业安全绳的正确使用与注意事项

为保证高空作业人员在移动过程中始终有安全保证，当进行特别危险的作业时，要求在系好安全带的同时，系挂安全绳。手扶水平安全绳设置在高处作业的特殊部位，如悬空的钢梁、框架连系梁等，在吊装就位后，施工人员要在上面行走，作为保持人体重心平衡的防坠落扶绳。

（1）高空作业安全绳的设置及使用要求

1）高空作业安全绳宜采用带有塑胶套的纤维芯钢丝绳，其技术性能应符合相关标准的要求，并有产品生产许可证和产品出厂合格证。

2）钢丝绳两端应固定在牢固可靠的构架上，在构架上缠绕不得少于2圈，与构架棱角处相接触时应加衬垫。

3）钢丝绳端部固定连接应使用绳卡（也叫作钢丝绳夹头），绳卡压板应在钢丝绳长头的一端，绳卡数量应不少于3个，绳卡间距应不小于钢丝绳直径的6倍。安全夹头安装在距最后一只夹头约500毫米处，应将绳头放出一段安全弯后再与主绳夹紧。

4）钢丝绳固定高度应为1.1～1.4米，每间隔2米应设一个固定支撑点，钢丝绳固定后弧垂应为10～30毫米。

5）高空作业安全绳仅作为高处作业特殊情况下，作业人员行走时的扶绳，严禁作安全带悬挂点使用。应经常检查固定端或固定点有无松动现象，检查钢丝绳有无损伤和腐蚀、断股现象。

6）禁止使用麻绳作为安全绳。

7）使用3米以上的长绳要加缓冲器。

8）一条安全绳不能两人同时使用。

（2）高空作业安全绳使用的注意事项

1）每条安全绳都应有使用记录。在每次使用后进行简单扼要的记录。

2）使用绳子时，绳子不得接触地面，绝对禁止踩绳子。最好放在一种可以完全摊平的绳袋上，以减少砂石跑进绳子里慢慢地割断绳皮或绳芯纤维的机会。

3）尽量避免将绳子拉过粗糙或尖锐的地形。

4）不要将两条绳子挂进同一个钩环，因为摩擦对绳子伤害很大。

5）每次使用后要用手检查绳子，感受绳子上的异常处。

6）绳子应定期清洗，清洗后置于阴凉通风处自然干燥，不能暴晒。